Oliver Ultsch

111 Orte in und um Coburg, die man gesehen haben muss

Mit Fotografien von Pia Ultsch

111

emons:

Bibliografische Information der Deutschen Nationalbibliothek
Die Deutsche Nationalbibliothek verzeichnet diese Publikation
in der Deutschen Nationalbibliografie; detaillierte bibliografische
Daten sind im Internet über http://dnb.d-nb.de abrufbar.

Layout: Eva Kraskes, nach einem Konzept
von Lübbeke | Naumann | Thoben
Kartografie: altancicek.design, www.altancicek.de
Kartenbasisinformationen aus Openstreetmap,
© OpenStreetMap-Mitwirkende, ODbL
Druck und Bindung: B.O.S.S Medien GmbH, Goch
Printed in Germany 2016
ISBN 978-3-95451-923-1
Originalausgabe

Vorwort

Es gibt in der deutschen Sprache kaum ein interessanteres Wort als »merkwürdig«. Mittlerweile umschreibt diese Bezeichnung etwas Seltsames, Sonderbares oder Eigentümliches. Es schwingt eindeutig ein negativer Unterton mit. Aber warum eigentlich?

Der Begriff ist mir bei Recherchen in alten Coburger Zeitungen aufgefallen. Damals nutzten die Ersteller von Werbeanzeigen das Wort noch in seiner ursprünglichen Form. Es ging um Dinge, die bemerkenswert und denkwürdig waren. Des Ausdrucks wahre Bedeutung erschließt sich tatsächlich erst auf den zweiten Blick. Auffällig ist, dass beide Definitionen, die alte wie die neue, die Ungewöhnlichkeit in sich vereinen. Das Besondere. Etwas, das das Bezeichnete von allem anderen abhebt. Unter keinem besseren Motto könnte daher dieses Buch stehen. Die eigene Heimat kennen die meisten viel zu wenig. Dieses Buch hilft dabei, das Gewohnte, Alltägliche spannend neu wahrzunehmen. An allen Ecken und Enden schlummert etwas Einzigartiges. Das kann ein Ort an sich, das Skurrile auf den zweiten Blick, die Geschichte dahinter oder einfach nur das Liebenswerte sein.

Ein Tagebucheintrag von Queen Victoria, mit dem sie ihre Zuneigung zu Schloss Rosenau und Coburg, der Heimat ihres Mannes, ausdrückte, unterstreicht dies: »Wäre ich nicht, was ich bin, wäre hier mein wahres Zuhause.«

Dabei kann sie unmöglich alle 111 Orte aus diesem Buch gekannt haben.

Dann schon eher der ehemalige Oberbürgermeister Dr. Langer, der 1956 niederschrieb: »Mögen die Alpen wilder und großartiger, mag das Meer gewaltiger sein: Hier umfängt Dich die Lieblichkeit einer stillen Landschaft, wo Baum und Stein, Landschaft und Menschenwerk eine besonders innige Verbindung miteinander eingegangen sind.«

In diesem Buch lernen Sie die Residenzstadt Coburg und ihre Umgebung mit dem Obermaintal und den zahlreichen Mittelgebirgszügen näher kennen. Es lohnt sich. Versprochen!

111 Orte

1 Die Gedenkstätte

Wüstung Billmuthausen

Billmuthausen war ein beschauliches kleines Örtchen in unmittelbarer Nähe der heutigen Grenze zwischen Bayern und Thüringen. Das ehemalige Rittergut, das auf eine über 600-jährige Geschichte zurückblicken konnte, wurde aufgrund seiner grenznahen Lage nach dem Zweiten Weltkrieg Stück für Stück von den Machthabern der DDR zerstört.

Die Deportation und Ermordung des Gutsbesitzers 1945 durch die Rote Armee, die Schaffung der Sperrzone 1952, die Flucht einiger Familien mit allem Hab und Gut im gleichen Jahr und die Zwangsumsiedlung weiterer Familien 1961 ließen das Bauerndorf mit seinen Wohnhäusern, Ställen und Scheunen immer weiter schrumpfen. 1965 ordneten die Staatsbehörden den Abriss der malerischen Kirche an, um im nächsten Schritt die Grenzanlagen mitten durch die noch vorhandenen Anwesen zu bauen. Die Mühlen und Keller der restlichen Einwohner waren plötzlich vom Ort getrennt. 1977 ließ das Regime die letzten Mühlen abreißen und verkündete die vollständige Räumung des Dorfes. Die Verbliebenen wurden vertrieben, die Gebäude sofort danach abgerissen. 1978 war Billmuthausen »geschleift«, was so viel bedeutet wie »dem Erdboden gleichgemacht«. Nur gegen die Einebnung des Friedhofs konnten sich die ehemaligen Bewohner erfolgreich zur Wehr setzen.

Zum Innehalten ist die »Wüstung« Billmuthausen noch heute einen Besuch wert: Dem Friedhof und Transformatorenturm wurde ein Gedenkstein beigestellt, eine Gedenkkapelle errichtet und der Dorfbrunnen an alter Stelle wiederaufgebaut. Ein Mahnkreuz und einige Informationstafeln versetzen einen zurück und machen in diesem Fall traurige Geschichte wieder lebendig. Skurril: Im neuen Postleitzahlenkatalog nach der Wende aus dem Jahr 1992 taucht Billmuthausen noch auf und bekommt die identische Postleitzahl wie Bad Colberg zugewiesen. Dabei gab es zu diesem Zeitpunkt schon längst keinen Bewohner mehr.

Adresse 98663 Billmuthausen | **Anfahrt** St 2205 Richtung Bad Rodach, nach Gauerstadt, in der Ortsmitte bei Gasthof Wacker links in die Billmuthäuser Straße, dieser dann folgen | **Öffnungszeiten** immer geöffnet | **Tipp** Weitere Gedenksteine und Tafeln erinnern an der Grenze zum Landkreis Coburg auch an die Orte Korberoth bei Effelder, Erlebach bei Autenhausen und Liebau bei Wörlsdorf, die das gleiche Schicksal erlitten.

2 Urbani und Regius

Schwimmen im Heilwassersee

Es gibt Kneipp-, Luft- oder auch Heilklima-Kurorte. Ein solcher Kurort braucht nicht zwingend eine Quelle. Dann gibt es auch noch Seebäder. Oder einfach nur »Erholungsorte«. Verschiedenste Güte- oder Qualitätssiegel sind hier nur noch schwer auseinanderzuhalten.

Eine Stufe höher ist die Bezeichnung »Heilbad« einzuordnen. Hier gibt es konkrete Voraussetzungen, die erfüllt sein müssen. Als Gegenleistung dürfen diese Ortschaften den Titel »Bad« führen. Womit wir nun wieder bei der Quelle sind. Denn Heilbäder besitzen immer ein »Heilmittel des Bodens«, das kann eine Mineral-, Thermal- oder Solequelle sein, alternativ ein Moor.

Bad Königshofen hat gleich zwei verschiedene Heilwasservorkommen zu bieten. So weit noch gar nicht ungewöhnlich. In Aachen, übrigens eine der Städte, die das »Bad« im Ortsnamen weglassen, gibt es gar 30 verschiedene.

Im Gradierpavillon im örtlichen Kurpark kann jeder in den Genuss einer Brise aus der Urbaniquelle kommen, die die Schleimhäute entlastet und die Atemwege frei macht. Diese sogenannte »Champagnerluft« gilt als besonders rein, angenehm kühl und prickelt durch den hohen Anteil von Aerosolen auf der Haut.

Die Kleinstadt im Grabfeldgau besitzt obendrein seit 2005 den ersten Naturheilwassersee Deutschlands. Was das genau bedeutet? Das Wasser aus der zweiten, der Regiusquelle, wie die Schwesterquelle übrigens ein eher seltenes Bitterheilwasser, wird in einen künstlich angelegten See gespeist. Dieser ist naturbelassen und ungechlort, wird quasi direkt von der Quelle abgezapft. Die Reinigung geschieht durch Pflanzen und Bodenfilter, ganz ohne Chemie. Ökonomie meets Ökologie. Alle Mineralstoffe eines Heilwassers sind übrigens nachweislich heilend, lindernd und vorbeugend. Die Indikationen sind, je nachdem, ob das feuchte Element besonders eisen-, jod- oder solehaltig ist (Aufzählung nicht abschließend), ebenfalls breit gefächert.

Adresse Am Kurzentrum 1, 97631 Bad Königshofen im Grabfeld, Tel. 09761/91200 | **Anfahrt** B 303 Richtung Schweinfurt, B 279 Richtung Bad Neustadt, vor Ort ausgeschildert | **Öffnungszeiten** siehe www.frankentherme.de | **Tipp** Die Thermalbäder in Bad Staffelstein, Bad Colberg und Bad Rodach bieten gleichfalls Entspannung in angenehmer Atmosphäre.

3 Die Adam-Ries-Statue

Rechnen auf Linien

Der Titel des Rechenmeisters war in der frühen Neuzeit etwas ganz Besonderes. Man würde den damaligen Größen zweifelsohne unrecht tun, wenn man sie auf eine Stufe mit den heutigen Mathematiklehrern stellt. Als Adam Ries just zu jener Zeit, als Kolumbus Amerika entdeckte, in »Staffelsteyn« geboren wurde, war von der »Rechenkunst« die Rede. Es gab tatsächlich nur ganz wenige, die alle Facetten der Mathematik beherrschten und diese dann auch noch vermitteln konnten. Die Geldwirtschaft kam damals erst auf, der Handel begann zu florieren, und gerade die Kaufleute benötigten Hilfe von Adam Ries & Co., um im täglichen Umgang mit Geld nicht übers Ohr gehauen zu werden. Mit Begriffen wie Buchhaltung und Tabellenkalkulation konnten nur die Gelehrten etwas anfangen. Die Rechenmeister waren daher häufig als Steuereintreiber, Landvermesser oder gar selbst als Händler tätig. Sie waren meist hochbegabte Autodidakten oder lernten das notwendige Rüstzeug vom eigenen Vater.

Adam war der Sohn des Kaufmanns Contz Ries, der im Obermaintal eine Mühle und einige Weinberge sein Eigen nannte. 1518 veröffentlichte er sein erstes Rechenbuch. Im Stadtmuseum in der Kirchgasse wird das »Rechnen auf Linien«, eines der ersten Systeme für die Grundrechenarten, ausführlich erklärt. Der Ausspruch »Das macht nach Adam Riese« wird noch heute benutzt. Ries unterzeichnete später vieles, was seiner Feder entsprang, ganz stolz nicht nur mit seinem Namen, sondern auch mit seinem Geburtsort. Alle Werke schrieb er, für diese Epoche noch unüblich, in deutscher und nicht in lateinischer Schrift.

Nach Aufenthalten in Zwickau und Erfurt verschlug es ihn in die Bergbaustadt Annaberg. In seiner neuen Heimat wirkte er bis zu seinem Tod. 1550 erschien sein letztes Buch, 1559 verstarb er. Sein geliebtes Staffelstein vergaß er aber sicherlich nie. Und Staffelstein ihn natürlich auch nicht.

Adresse Bahnhofstraße, 96231 Bad Staffelstein | Anfahrt A 73 Ausfahrt 15 Bad Staffelstein, Richtung Innenstadt | Tipp Mitte August findet in Bad Staffelstein das Bierbrauerfest statt. Die ganze Innenstadt duftet nach Malz und Hopfen und wird zur Verköstigungsmeile. Das Bierdiplom wird jedem verliehen, der sich an allen zehn »Stationen« ein Bier genehmigt.

4 Das Brückentheater

Wir wollen doch nur spielen!

Da stand sie nun, die Brücke ins Nichts. Die Vorgeschichte dazu ist schnell erzählt: Beim Bau des Kurparks kalkulierte man von Beginn an eine spätere Erweiterung mit ein. Der Erwerb der angrenzenden Grundstücke war aber noch nicht in trockenen Tüchern. Trotzdem errichteten die Planer bereits eine Brücke über den kleinen Bach. Die Vergrößerung der Anlage wurde in den Folgejahren dann aber doch nicht umgesetzt. So wirkte es zehn Jahre lang wie ein Schildbürgerstreich: Der Park endete direkt dort, wo die Holzplanken wieder festen Untergrund unter sich hatten.

Der Fränkische Theatersommer in Gestalt von Jan Burdinski nahm sich bei einer Ortsbegehung der Sache an. Auf der Suche nach einer geeigneten Stelle für eine Bühne im Kurpark fiel seine Wahl auf das besagte Objekt. Mit Hilfe von Sponsoren wurde die Brücke mit einer Hütte bebaut und beherbergt das weltweit wohl einzige Brückentheater. Über die Sommermonate wird es regelmäßig bespielt. Mit 68 Sitzplätzen und einer kleinen Bühne ist eine solche Aufführung sehr exklusiv und mit besonderem Flair. Das Potpourri verschiedener Stücke reicht von der Komödie über Literaturabende bis hin zum Musical und Kammerspiel.

Wer zur Brücke gelangen will, kommt erst noch an einigen weiteren Highlights vorbei. Die große Seebühne am Parkeingang hinter sich lassend, wird man von zwei Gradierwerken, die zentral um eine Wasserfontäne vor einem Aussichtshügel mit türkisfarbenem Monopteros stehen, empfangen und von frischer Salzluft umschmeichelt. Ein schöner Abendspaziergang vor oder nach der Aufführung rundet einen perfekten Abend ab. Einen Wellness-Tag der Extraklasse gönnt sich jeder, der zusätzlich die nach dem Fluss benannte Obermain-Therme mit der wärmsten Thermalsole Bayerns besucht. Der dortige Mineralstoffgehalt übertrifft den Mindestwert für staatlich anerkanntes Heilwasser mal locker um das 100-Fache.

Adresse Kurpark nahe der Obermain-Therme, Am Kurpark 1, 96231 Bad Staffelstein | **ÖPNV** alle Regionalzüge mit Halt Bad Staffelstein | **Anfahrt** A 73 Ausfahrt 14 Bad Staffelstein-Kurzentrum, ab dort ausgeschildert | **Öffnungszeiten** Vorstellungen unter www.theatersommer.de abrufbar | **Tipp** Vom Kurpark aus hat man wohl den besten Blick auf das Dreigestirn aus Kloster Banz, Vierzehnheiligen und dem Staffelberg, denen das Obermaintal den Spitznamen »Gottesgarten« zu verdanken hat.

5 Das eingemauerte Herz

Herzog Wilhelms Liebe zu Banz

Die Säkularisation bezeichnet die Verstaatlichung des Kirchenbesitzes und die Aufhebung kirchlicher Institutionen – 1803 traf es Kloster Banz. De facto existierte Ende dieses Jahres kein Kloster mehr, sondern nur noch der Gebäudekomplex, der größtenteils als Behördensitz genutzt wurde. Die gesamte Anlage stand in den Folgejahren zur Disposition, ein Abriss war nicht mehr auszuschließen. Bis Wilhelm, Herzog in Bayern, 1808 auf den Plan trat. Die stolze Lage hoch über dem Obermain hatte es ihm angetan. Nach dem Erwerb 1814 baute er die ehemalige Klosteranlage zur Sommerresidenz für seine Familie um. Er hatte quasi sein Herz an das Schloss verloren und bezeichnete Banz als seinen Lieblingslandsitz.

Im Januar 1837 verstarb der Herzog im nahen Bamberg. Als sein Leichnam am 14. Januar in der Banzer Gruft bestattet wurde, fehlte ein nicht unbedeutendes Organ. Ebenjenes Herz! Dem Wunsch des Verstorbenen entsprechend mauerte man es in der barocken Pfarrkirche links im mittleren Pfeiler des Hauptschiffes ein. Dort befindet es sich noch heute. Übrigens: Elf Monate später, an Heiligabend, kam eine Urenkelin von ihm in München zur Welt. Diese kennt aber kaum einer unter ihrem Geburtsnamen Elisabeth Amalie Eugenie. Als Sisi, Kaiserin von Österreich, ist sie aber wohl allen ein Begriff.

Viele Jahre gingen ins Land, ohne dass sich an den Besitzverhältnissen etwas änderte. Die Familie zog sich jedoch immer mehr aus Banz zurück und verlegte ihren Hauptwohnsitz nach Südbayern. Schlussendlich lösten die Nachfahren 1883 die Gruft auf und schafften die Särge in die neue Grablege an den Tegernsee. Dort liegt Sisis Urgroßvater nun begraben. Das Herz aber blieb hier.

Ab 1920 mietete sich ein Mönchsorden ein, Banz kehrte somit zu seinen Wurzeln als Sitz von Kirchendienern zurück. Die formelle Bezeichnung Kloster ist seit 1978 wieder korrekt, auch wenn Banz heutzutage recht häufig »nur« als Schloss bezeichnet wird.

Adresse Kloster Banz, 96231 Bad Staffelstein | **Anfahrt** A 73 Ausfahrt 12 Lichtenfels Nord, Richtung Kloster Banz | **Tipp** Der Klettergarten Banz wartet mit einer historischen Besonderheit auf: Die Waldkegelbahn wurde vor einigen hundert Jahren von Mönchen angelegt.

6 Der Stein von Dendur

Wir Franken sind doch keine Bayern!

Ein politischer Kunstkrimi in drei Akten, auf wahren Begebenheiten beruhend!

Der erste Akt handelt von einem unscheinbaren Stein, Teil einer weltweit einmaligen Sammlung von orientalischen Gegenständen im Banzer Museum. 1997 traten zwei Würzburger Ägyptologen auf den Plan, die es schier aus den Socken haute: Dies war der einzige noch fehlende und bereits verloren geglaubte Stein eines mächtigen Tempels, der im Metropolitan Museum in New York steht. Begeisterung auf der anderen Seite des Teiches und auch in München. Denn die bekamen eine wertvolle Büste für das Versprechen, den Stein auszuhändigen. Da hatte der Kultusminister seine Rechnung aber ohne die Staffelsteiner gemacht. Denen kam es gar nicht in den Sinn, das Artefakt einfach so herauszurücken.

Hier beginnt der zweite Akt. Nach der spannenden Ouvertüre eher langatmig. »Ja, ihr bekommt euren Stein, aber nur wenn ...« war die Reaktion der Oberfranken, die gemeinhin als geduldiges Völkchen gelten. Die Forderungen waren recht konkret: Einst in Kloster Banz befindliche Kunstwerke sollten zurückkehren. Ein Umbau der Räumlichkeiten war auch mal nötig. Und ein paar Sonderausstellungen könnten die Münchner ebenfalls springen lassen. Ein zäher Verhandlungsmarathon begann. Nicht über Wochen oder Monate, sondern über Jahre hinweg! Der berühmt gewordene Stein verschwand hinter den Kulissen und wurde durch ein Duplikat ersetzt. Die Angst war wohl zu groß, dass die Münchner in einer Nacht-und-Nebel-Aktion eine Sondereinheit ins Obermaintal schicken könnten.

Der Schlussakt spielt irgendwann in der Zukunft. Denn der Stein befindet sich noch immer in der Obhut der Hanns-Seidel-Stiftung. Ob der Tempel von Dendur wohl irgendwann noch den fehlenden Stein im Original erhält, der ab 2017 in Banz wieder in der regulären Ausstellung zu sehen ist?

Die Moral von der Geschichte: Leg dich nicht mit den Franken an!

Adresse Kloster Banz, 96231 Bad Staffelstein, www.hss.de/bildungszentren/museum-kloster-banz.html | **Anfahrt** A 73 Ausfahrt 12 Lichtenfels Nord, Richtung Kloster Banz | **Öffnungszeiten** Di–So 10–16 Uhr (April–Okt. 10–17 Uhr), Dez.–Feb. geschlossen | **Tipp** Der europaweit größte Fischsaurierschädel, eine Mumie und ein riesiges Nilkrokodil sind weitere bedeutende Ausstellungsstücke im Museum von Kloster Banz.

7 Die Schwalbennestorgel

Der Organist mit seiner Fernbedienung

In Bedheim bei Römhild gibt es weltweit einzigartigen Stereosound. Aber nein, es handelt sich hier nicht um eine neue Diskothek für Partygänger. Eher das Gegenteil. Es geht um barocke, historische Musik, gleichzeitig auf zwei Orgeln gespielt.

Zu Beginn des 18. Jahrhunderts, 1711, um genau zu sein, erhielt die Dorfkirche mit ihren Ursprüngen aus dem 13. Jahrhundert, die dem fränkischen Apostel Kilian geweiht wurde, eine besonders hochwertige Orgel. Nur zehn Jahre später erfolgte auf der gegenüberliegenden Seite hoch über dem Durchgang zum Altarraum der Einbau einer zweiten Orgel. Die Form eines Schwalbennestes gibt dieser besonderen Bauart ihren Namen. Hier wird kein separater Spieltisch benötigt, da der Organist eine antike »Fernbedienung« besitzt. Mit Hilfe von über den Dachboden verlegten manuellen Verbindungen, dünnen, flachen Holzleisten, wird diese unvergleichliche Konstruktion bespielt. Die Kälte und Nässe setzt dem Ganzen aber mächtig zu: Jährlich müssen die beiden »Schwestern« aufeinander abgestimmt werden. Bei der Darstellung der sechs Engel an der Schwalbennestorgel soll es sich um die verstorbenen Kinder des einstigen Schlossherrn Hans Philipp von Heßberg handeln. Mit dem Bau des Instrumentes hat er Gott um Gnade angefleht, seine zukünftigen Kinder zu verschonen.

Das beschauliche Bedheim besitzt übrigens wohl auch eines der ungewöhnlichsten Wappen Deutschlands. Ein Dinosaurier und fünf Orgelpfeifen, in Rot und Weiß gehalten. Der Dinosaurier trägt den Namen Halticosaurus liliensterni, da es sich um einen Fund aus der Sammlung von Hugo Rühle von Lilienstern handelte, einem Verwandten von Charlotte von Wolzogen, die immerhin einmal eine Jugendliebe von Friedrich Schiller war – und hier in der Kirche bestattet wurde.

Die paläontologische Sammlung löste man 1969 auf und verbrachte die Exponate samt dem Saurierfund von den Gleichbergen nach Berlin ins dortige Museum für Naturkunde.

Adresse Dr.-Rühle-von-Lilienstern-Straße, 98630 Gleichamberg-Bedheim | Anfahrt St 2205 nach Bad Rodach, links Richtung Roßfeld abbiegen, über Streufdorf und Simmershausen nach Bedheim | Öffnungszeiten aktuelle Gottesdienst- und Konzerttermine auf www.schwalbennestorgel.de | Tipp Das Schloss Bedheim wird gern als Kulisse für Hochzeitsfotos gebucht. Am besten vorher unter www.schloss.bedheim.de über Veranstaltungen und Öffnungszeiten informieren.

8 Das Münchhausen-Grab

Die letzte Ruhestätte des Barons

Wer kennt sie nicht, die Geschichten von Baron Münchhausen? Der Ritt auf der Kanonenkugel. Die Reise zum Mond. Das Pferd am Kirchturm. Der Sprung durch die Kutsche. Alles wahre Geschichten, eine spektakulärer als die andere. Oder doch nicht? Nun gut. Der sogenannte »Lügenbaron« war einfach ein Mensch mit besonders viel Phantasie. Seine Erlebnisse schilderte er immer mit einem Augenzwinkern und übertrieb gern maßlos, um die Unwahrscheinlichkeit seiner Geschichten zu verdeutlichen. Gut, dass jemand die brillanten Erzählungen mit- und niederschrieb und für die Nachwelt bewahrte. Sogar in der Medizin machte er sich posthum einen Namen: Die Zwangsstörung, Erkrankungen zu erfinden und dramatisch zu präsentieren, wurde nach ihm benannt.

Das Grab des Freiherrn von Münchhausen befindet sich am Ortsrand von Bockstadt, etwa 500 Meter Luftlinie von seinem Schloss entfernt. Die Ruhestätte am Waldrand besitzt ihre Bezeichnung zu Recht. Ein großes Steinkreuz wacht über die sechs Gräber, die in einem ovalen kleinen Friedhof am Waldrand liegen. Zu den Bäumen hin stärkt eine Mauer die Anlage.

65 Jahre vor seinem Tod wurde der Freiherr in der niedersächsischen Kleinstadt Bodenwerder geboren. Als Pferdenarr bekannt, fand er mit dem hiesigen Rittergut einen perfekten Ort, um ein Gestüt für seine Vollblüter aufzubauen. Seine Rösser galten zur Jahrhundertwende als die erfolgreichsten.

Wer dem Grab des Lügenbarons nun persönlich einen Besuch abstatten möchte, dem sei gesagt: Da ist man hier nur leider falsch. Das Münchhausen-Grab in Bockstadt beheimatet einen nur ganz weit entfernten Verwandten. Er starb erst 125 Jahre nach dem Berühmtesten seines Stammes. Gelogen wird hier auf dieser Seite übrigens nicht. Nur, wahrscheinlich versehentlich, unterschlagen, dass es sich um zwei verschiedene Münchhausens, wenn auch mit dem gleichen Geburtsort, handelt.

Adresse 98673 Bockstadt | **Anfahrt** A 73 Ausfahrt 6 Eisfeld Süd, Richtung Lautertal und dann Richtung Herbartswind halten. In Herbartswind der Hauptstraße nach Bockstadt folgen. Vor dem Ortsende links ist das Grab auf Wanderwegen ausgeschildert. | **Tipp** Die Schlossanlage selbst ist von außen ebenfalls einen Blick wert. Die dort beginnende Münchhausen Allee führt nach Eisfeld.

9 Das Mühlbergmädchen

Freizügige Frau, phantastischer Fernblick

Auf der Suche nach einem Zeitvertreib mit reichlich frischer Luft und abwechslungsreicher Landschaft, ohne dass Langeweile aufkommt? Dann auf in den Itzgrund, über den einst Gottfried Herder schrieb: »Dieses bezaubernde Wiesental ist die schönste Gegend der Welt!«

Der hier beginnende Steinlegendenweg bietet je nach Kondition drei verschiedene Routen, fast 17 Kilometer die lange, rund sieben die mittlere etwas oberhalb um den Ulrichstock und weniger als fünf die kleine aus der Senke hinauf zum Mühlberg.

Der mit einer umfangreichen Beschilderung und zahlreichen Infotafeln angelegte Skulpturenwanderweg wurde 2010 eingeweiht und mit Werken des einheimischen Künstlers Peter Plentz bestückt. Dieser machte sich voller Leidenschaft ans Werk, als es galt, diesen Pfad mit auffälligen und phantasiereichen Geschöpfen auszustatten. Es ist ihm fraglos gelungen. Alle Werke wurden unentgeltlich geschaffen und stehen der Gemeinde Großheirath als Dauerleihgabe zur Verfügung.

Es geht nicht nur an zahlreichen Grenzmartern, der Wassergöttin, der Marienskulptur, einem Buchen- und einem Runenstein vorbei. Es begegnen einem auch der Flöterich, der Zigeunerjunge und ein Faun, vor dem man sich lieber in Acht nehmen sollte. Das besonders freizügige Mühlbergmädchen hingegen genießt seinen herrlichen Blick auf das Tal und lädt zum Verweilen und Genießen ein. Doch das ist noch lange nicht alles: Untergegangene Orte, alte Fundamente und historische Stätten sind nicht fern. Die historischen Zentsteine aus dem 16. bis 19. Jahrhundert wurden geschickt integriert und zeigen die damaligen Grenzen zwischen den Bistümern auf, die häufig zu Streitigkeiten führten. Besonders interessant: der alte Gerichtsplatz auf dem Tiereller, der originalgetreu nachgebaut wurde und die Geschichte der sogenannten Eigensdörfer, kleiner Siedlungen mit eigener Gerichtsbarkeit, erzählt.

Adresse Ziegeleistraße, 96269 Großheirath-Buchenrod, www.wandern-im-coburger-land.de/skulpturenweg.html | **Anfahrt** B 4 Richtung Bamberg, nach Buchenrod, die Ziegeleistraße bis zum Wanderparkplatz | **Tipp** Noch einige Kilometer südlicher verläuft der fränkische Bibelweg von Untermerzbach nach Seßlach. Dort kommt man an zwölf biblischen Holzskulpturen wie Noah, Johannes dem Täufer und Abraham vorbei. Der »One-Way«-Wanderweg ist zehn Kilometer lang.

10_Das Siebenwegekreuz

Der Place de la Concorde der Haßberge

Wer den thüringischen Rennsteig und den weniger bekannten Rennweg in den Haßbergen in eine Karte einzeichnet, wird erstaunt sein. Wie zwei Parallelen winden sich die beiden Wanderstrecken von Nordwesten nach Südosten über die Gebirgskämme, auch wenn die Haßberge natürlich nicht die Ausmaße des Thüringer Waldes haben. Man kommt trotzdem nicht umhin, den Rennweg mit einer Länge von 55 Kilometern als kleinen Bruder des Rennsteigs zu bezeichnen.

Solche Höhenwege wurden einst als eine Art »Reiterautobahn« angelegt. Abseits von Besiedlungen konnten die Geschwindigkeiten gehalten und lange Strecken schnell zurückgelegt werden. Auch Diskretion war den Landesherren wichtig. Auf geheimer Mission wollte und sollte nicht jeder Bote oder Kämpfer gesehen werden.

Das Siebenwegekreuz nördlich von Eichelsdorf, auf den ersten Blick nur ein gewöhnlicher Wanderparkplatz, versinnbildlicht die Haßberge und ihre Wanderstrecken am besten. Pfade zuhauf führen von hier nach dort, von Ost nach West, von Süd nach Nord. Gleich zwei interessante Stellen sind nur wenige Meter vom Wanderparkplatz entfernt. Westlich versteckt sich der Burgstall Rottenstein, eine alte Befestigungsanlage, im Wald. Bis auf den Halsgraben, wie die künstlich angelegte Vertiefung auf den zuvor ungeschützten Seiten der Burg bezeichnet wird, ist kaum mehr etwas zu sehen. Im Osten erhebt sich die Schwedenschanze, ein Ringwall aus der Keltenzeit. Ihren Namen erhielt sie im Dreißigjährigen Krieg als Zufluchtsort der Bauern vor den heranstürmenden Schweden. Der Aussichtsturm mit seinem steinernen Sockel bietet jedem die Möglichkeit, von hier einen Blick aufs Grabfeldgau und die umliegende Hügellandschaft zu erhaschen. Bei perfekter Sicht kann man sogar den über 100 Kilometer entfernten Schneeberg im Fichtelgebirge sehen.

Ein prägnantes, unübersehbares R begleitet den Wanderer. Noch eine Parallele zum Rennsteig.

Adresse 97494 Bundorf | **Anfahrt** B 303 Richtung Schweinfurt bis Hofheim, weiter durch Eichelsdorf, nach dem Ort der Beschilderung links Richtung Schwedenschanze folgen | **Tipp** Die Karstquelle in einem kleinen Waldstück nördlich von Hofheim ist ein Naturdenkmal mit bläulich schimmerndem Quellwasser.

11 Die Oscar-Trophäe

Zwei »gingen« an den Obermain

Wer einmal im Leben einen »Oscar« live sehen will, fährt ins Schustermuseum nach Burgkunstadt. Denn dort gibt es gleich zwei davon! Seit jeher gilt der »Oscar« als Würdigung besonderer Leistungen. 1976 und 1979 ging die Trophäe in die pulsierende Schuhmetropole am Obermain. Die Übergabe der begehrten Statue gilt in den entsprechenden Kreisen als Ritterschlag für den »Künstler«. Stolz nahm daher die Produktionsfirma in beiden Jahren die Auszeichnung in Turin entgegen. Stop. Turin? Nicht Los Angeles? Die berühmten Academy Awards aus Amerika standen mit ihrer Extravaganz und Noblesse natürlich über allem. Daher galt im Italien der 50er Jahre: Wer etwas auf sich hielt, nannte seinen Preis ebenfalls »Oscar«. Der italienische Mode-Oscar war der Vorreiter.

Die Internationale Schuh-Academy ließ sich das auch nicht nehmen. Den »Schuh-Oscar« bekamen Firmen für besonders hochwertige Fabrikate. Für Burgkunstadt mit seiner hohen Dichte an Schuhfabriken trotzdem wahrlich kein Klacks, den Preis abzuräumen. Denn wie so oft werden ausländische Waren deutlich kritischer beäugt. Eine echte Ehre also, dass die Firma Obermain diese Würdigung gleich zweimal erhielt.

Die Zeitreise im Museum am Marktplatz bietet neben den Oscars aber noch einiges mehr. Auf dem Rundgang werden die einzelnen Arbeitsschritte der Schuhherstellung, die ortsansässigen Firmen und der technische Fortschritt detailliert veranschaulicht. Mächtige Maschinen sind zu sehen, eine typische Schusterstube und ausgefallene Schuhe wie ein Faschingsschuh oder der Wachpostenstiefel. Und wer weiß schon, dass der berühmte Baur-Versand aus einem reinen Schuhversandhandel entstand, dem ersten Deutschlands, und der Gründer die Sammelbestellung mit Preisnachlässen erfand? Besonders interessant: die Karte mit dem Einzugsgebiet der Angestellten. Man muss bedenken, dass der Arbeitsweg zu Fuß oder später auch mit dem Fahrrad zurückgelegt werden musste.

Adresse Marktplatz 1, 96224 Burgkunstadt, www.deutsches-schustermuseum.de, Tel. 09572/4703 | Anfahrt B 289 Richtung Kulmbach bis Burgkunstadt, vor Ort ausgeschildert | Öffnungszeiten Mi–Fr 10–12 und 14–16 Uhr, Sa 10–12 Uhr | Tipp Auf dem Marktplatz findet Mitte Juli die Schusternacht statt, ein Volksfest vor historischer Fachwerkskulisse. Mit der Sternwanderung und dem Schustertanz werden hier zwei alte Bräuche gepflegt.

12 Das Nostalgie-Museum

Sonntägliche Zeitreise zu Elvis & Co.

Im Filmklassiker »Zurück in die Zukunft« wird ein DeLorean gebraucht, um ins Jahr 1955 zurückzureisen. Heute reichen ein herkömmliches Fahrzeug und die Wegbeschreibung auf der rechten Seite, um in kürzester Zeit ins Deutschland der 50er Jahre zu gelangen. Die alte Tankstelle vor dem Haus zeigt einem gleich, dass man hier richtig ist.

Jeden Sonntag öffnet das Nostalgie-Museum in Burgpreppach seine Pforten. Hier entfaltet sich die Zeit des deutschen Wirtschaftswunders in ihrer vollen Pracht. Der Museumsleiter Heinz Braunreuther, ein gelernter Schneider, leidenschaftlicher Sammler und glühender Elvis-Fan, hat etwas ganz Besonderes geschaffen. Er könnte wohl den doppelten Platz, den er im alten Rathaus zur Verfügung hat, mit Artefakten füllen. Ein wahrhaft historischer Toaster, ein Schiff aus Streichhölzern, zahlreiche alte Urkunden, metallene Schilder, alte Kinderwägen und -puppen, antike Trockenhauben, nostalgische Sparkassen-Schreibmaschinen … Ein Sammelsurium, das immer wieder überrascht, niemals langweilt und unendlich viel zum Entdecken bietet. Hier darf ausdrücklich angefasst, hochgehoben, umgedreht und genauestens inspiziert werden, was vor über 50 Jahren modern und modisch angesagt war. Nur der Teletubby im Kinderzimmer, der wurde wohl auf irgendeiner anderen Zeitreise hier vergessen. Der Begriff »die 50er« wird übrigens etwas gestreckt, das Außergewöhnliche kennt keine feste Zeiteinteilung. Beim Verlassen der Ausstellung hat man so tatsächlich das Gefühl, ganz woanders gewesen zu sein. Flippig und bunt und zuweilen auch kitschig ging es damals zu. Da gab es noch keine Verbraucherstudien, kein Corporate Design. Alles war noch individuell und noch nicht auf Hochglanz poliert.

Die mobilen Ausstellungen, die der Museumsleiter darüber hinaus anbietet, erfreuen sich ebenfalls großer Beliebtheit, da nahezu jedes gewünschte Themengebiet abgedeckt werden kann.

Adresse Schulstraße 53, 97469 Burgpreppach | Anfahrt B 303 Richtung Schweinfurt, Abfahrt Burgpreppach, im Ort links auf die Vorfahrtsstraße, auf der rechten Seite im früheren Rathaus | Öffnungszeiten Sonntag, Einlass 13–16 Uhr | Tipp Im Schloss Burgpreppach ist die mumifizierte Hand einer Diebin ausgestellt. Die Besichtigung der barocken Anlage ist aber nur zu besonderen Anlässen möglich. Von außen ist das Schloss aber auch schön anzuschauen.

13 Das Bernsteinzimmer

Und es ist doch in Coburg!

Viele große Tageszeitungen und Magazine hatten für Coburg am 29. und 30. April 1998 ihre Top-Meldung übrig. Die Schlagzeile lautete: »Befindet sich das Bernsteinzimmer in Coburg?« Ein SS-Konvoi soll im April 45 als Rote-Kreuz-Transport getarnt von Weimar direkt nach Coburg gelangt sein. Mit hochbrisanter Fracht? Am Schindberg bei Scheuerfeld rückte daher schweres Gefährt an, weiträumige Absperrungen ließen viele hoffnungsfrohe Schatzsucher enttäuscht wieder von dannen ziehen. Doch auch diese »heiße Spur« verlief sich. Bis jetzt. Die große Sensation wird nun, exklusiv, mit diesem Buch verkündet: Das Bernsteinzimmer ist endlich aufgetaucht. Innerhalb der alten Stadtmauern von Coburg!

In der Steingasse führt ein schmaler Gang direkt bei der Hausnummer 11 hindurch in einen der schönsten der zahlreichen Innenhöfe der Stadt. Wer sich dort umsieht, kann die zweistöckige Fachwerkgalerie bestaunen und ist nur noch wenige Schritte vom Kunstmythos schlechthin entfernt. Denn direkt im Erdgeschoss rechts kann das sagenumwobene Zimmer bestaunt werden.

Ob sich Coburg bald »Bernsteinstadt« nennen darf? Doch gemach, gemach. Es ist dann doch wie so oft im Leben: Nur weil Bernsteinzimmer draufsteht, muss noch lange nicht das Bernsteinzimmer drin sein. Auch die Ähnlichkeit ist nicht so frappierend wie gedacht. Ein gemütlicher Gastraum im »Hungry Highlander«, zwar stilecht mit Kronleuchter, aber nicht mehr als vier auf sechs Meter. Eingerichtet in jenen Tagen des Hypes 1998. Zu Beginn hing hier ein kleines, eingerahmtes Stück Bernstein, damit der Name auch passte. Geklaut, ersetzt, wieder geklaut, nicht mehr ersetzt. Nur der Name blieb. Auch das ist Historie. Einen Vorteil hat diese Zimmervariante auf jeden Fall: Im »Original« waren Essen und Trinken bestimmt verboten. Hier ist es außerdem deutlich gemütlicher. Die leckeren indischen Gerichte sind übrigens besonders zu empfehlen.

Adresse Steingasse 11, 96450 Coburg | ÖPNV alle Stadtbuslinien, Haltestelle Theaterplatz, die Grafengasse und Rückertstraße entlang, dann rechts in die Steingasse | Öffnungszeiten Mo–Fr 11.30–14.30 Uhr, Mo–So ab 18 Uhr | Tipp Das Lokal 1627 schräg gegenüber überzeugt mit exklusiven Speisen und einer in Coburg einmaligen Getränkeauswahl. Die Location verpflichtet: In diesem Gebäude befand sich früher das Versorgungshaus der Herzöge, die nebenan in der Ehrenburg residierten.

14 The British Corner

Willkommen in der heimlichen Hauptstadt Europas

Das einstige »Gestüt Europas«, wie es Bismarck etwas zynisch ausdrückte, befand sich im beschaulichen Coburg. Dank einer geschickten Hochzeitspolitik knüpfte das Herzogtum verwandtschaftliche Bande mit zahlreichen Königshäusern Europas und sogar nach Übersee.

Der letzte deutsche Kaiser Wilhelm II. – Enkel von Prinz Albert und Queen Victoria. Die regierende englische Queen Elisabeth II. – ihr Vater war Cousin des besagten deutschen Kaisers und des russischen Zaren, allesamt somit ebenfalls vom Coburger Haus abstammend. Der erste belgische König – geboren in Coburg. Weibliche Nachfahren von ihm – die letzte italienische Königin und eine luxemburgische Großherzogin. Die schwedischen Könige verloren gleich zweimal nacheinander ihre Herzen an Prinzessinnen des einheimischen Herzogtums. Der norwegische König hat hier ebenfalls Vorfahren. In der katholischen Linie finden sich der portugiesische und rumänische König sowie der bulgarische Zar. Und die Verbindung ins weit entfernte Brasilien entstand ebenfalls über diesen Seitenzweig. Doch wo, vom Samba-Festival einmal abgesehen, zeigt sich dieses Multikulturelle heutzutage in Coburg?

The British Corner hat sich auf die Fahne geschrieben, alle Klischees über »good old England« zu bedienen. Die Eigentümerin Birgit Eibl liebt alles Britische. Ihrem Geschäft sieht man das auch an. Very british sind nicht nur die Lebensmittelspezialitäten, die Accessoires und Pflegeprodukte, sondern auch die Einrichtung und das Teegeschirr. Für alle Liebhaber von »beer and crisps« gibt es gar Guinness Chips. Sonderwünsche nimmt die Inhaberin gern entgegen. Am liebsten im Tea Room, bestens geeignet für eine typisch britische Teezeremonie oder ein Whisky-Tasting. Die »Clotted Cream«, eine delikate Rahmspeise aus dem südwestlichen England, gilt frisch zubereitet als besonderes Schmankerl und rundet den Besuch in der »heimlichen Hauptstadt Europas« ab.

Adresse Nägleinsgasse 1, 96450 Coburg, www.the-british-corner.de | **ÖPNV** alle Stadtbuslinien, Haltestelle Theaterplatz, über den Marktplatz in die Nägleinsgasse | **Öffnungszeiten** Mo–Fr 10–18 Uhr, Sa 10–13 Uhr | **Tipp** Wer einen britischen Abend veranstalten möchte, kann die passende Musik dazu buchen. Detlef Purucker aus Tambach begleitet Veranstaltungen mit seinem Dudelsack. www.tambacher-dudelsackspieler.de

15 Die Coburger Bratwurst

Die beste Deutschlands!

Wenn über dem Coburger Marktplatz die Rauchschwaden aufsteigen, verkünden diese in der evangelischen Residenzstadt natürlich keinen neuen Papst. Die Botschaft, die dahintersteckt, ist viel profaner: Hier wird die Coburger Bratwurst auf »Kühlen«, das sind Kiefernzapfen, gebraten und feilgeboten. Das verbrennende Harz gibt der Spezialität ihren unverwechselbar rauchigen Geschmack.

Die Länge des gefüllten Schleißes (ein nicht von seiner Fettschicht befreiter Dünndarm des Schweines) im rohen Zustand ist genauestens festgelegt: Auf dem Dach des Rathauses steht das sogenannte »Bratwurstmännle« und gibt mit seinem Stock in der Hand das exakte Maß von 31 Zentimetern vor. Dass es sich hierbei um den Schutzheiligen und Wappenpatron Coburgs, den heiligen Mauritius, handelt, der dort mit seinem Marschallstab verewigt wurde, dürfen wir aus historischen Gründen natürlich nicht verschweigen. Doch sein Maß soll tatsächlich die Länge der Bratwurst im rohen Zustand oder zumindest einen Richtwert darstellen.

Eine Besonderheit bei den Zutaten ist das frische Ei, das mit einer Ausnahmegenehmigung als Bindemittel verwendet werden darf. Weitere Bestandteile sind Schweine- und Rindfleisch, Speck und Pfeffer, Salz und Muskat, aber auch ein Hauch von Zitrone. Die Wurst wird in einer halben Semmel gereicht, die von oben und nicht von der Seite aufgeschnitten wird. Den Titel »Deutschlands beste Bratwurst« erhielt die »Coborcher« vom Sender VOX, der vor einigen Jahren einen Wettbewerb ausrief und die Bewertung fernsehkompatibel mit Hilfe einer Jury im K.-o.-System vornahm.

Und noch eine historische Anekdote: Goethe erhielt einst einen Brief von einem Freund, der sich in Coburg aufhielt und schrieb: »… wundere dich nicht über den Duft des Papiers, ich wohne am Markt, wo am Tag wohl 10.000 Würste gebraten werden.« Wenn Sie viel Zeit mitbringen: Es gibt zahlreiche Cafés am Markt. Viel Spaß beim Mitzählen!

Adresse Marktplatz, 96450 Coburg | **ÖPNV** alle Stadtbuslinien, Haltestelle Theaterplatz | **Tipp** Der Coburger Rutscher, eine Variante der Thüringer Klöße, ist eine weitere regionale Delikatesse und kann in vielen Restaurants in der Innenstadt probiert werden. Aber nur mit »Bröckala«, das sind kleine Toaststückchen, ist es auch ein echter Coburger Kloß.

16_Das Coburger Fuchsschaf

Auf der Suche nach dem goldenen Vlies

Oberpfälzer Fuchs, Westerwälder Fuchs, Eifeler Fuchs. Die Fuchsschafe, die im deutschen Mittelgebirgsraum ihre Heimat haben, besaßen früher noch viele unterschiedliche Namen und regionale Ausprägungen. Alle Rassen hatten aber eins gemeinsam: Kopf und Beine rötlich schimmernd wie der Fuchs. An den trockenen Hängen der Mittelgebirge fühlten sie sich am wohlsten. Doch der Trend ging Richtung Masse statt Klasse. Die »Füchse« waren jedoch noch nie besonders schwergewichtig. Die Folge war eine Vernachlässigung der Züchtung, sodass sie vom Aussterben bedroht waren.

1966 kam es dann wegen der besonders hohen Dichte an Fuchsschafen im Coburger Land zur Anerkennung als »Coburger Fuchsschaf« für alle verbliebenen Tiere dieser Gattung. Unter diesem Begriff erfolgte kurze Zeit darauf auch die Eintragung in die Liste gefährdeter Tierarten, da es nur noch 126 Zuchttiere gab. Der Startschuss für ein überregionales Umdenken. Die Bestände nehmen nun seit geraumer Zeit wieder deutlich zu. Aus gutem Grund. Die Rasse zeichnet sich durch eine besonders hochwertige Wolle aus. Der rötlich braune Schimmer bei der Geburt hellt sich mit der Zeit etwas auf und wird ob seiner besonderen Farbe gern als »goldenes Vlies« bezeichnet. Sein edles Aussehen macht es in jüngerer Zeit auch für zoologische Einrichtungen interesssant. Das mittelgroße Schaf besitzt einen unbewollten, hornlosen, schmalen Kopf. Die zierlichen Beine wirken wie Stelzen, man bekommt fast Angst, dass sie unter dem Oberkörper wegknicken könnten. Anspruchslos und widerstandsfähig ist die Gattung obendrein. Die durch die Beweidung entstandenen Trockenrasengesellschaften gehören zu den bevorzugten Mahlzeiten des tierischen »Landschaftspflegers«, den man im Gärtnerhof Callenberg bewundern kann. Mit viel Auslauf ausgestattet, gibt es hier rund 80 Mutterschafe, die sich dem Erhalt ihrer Art widmen. Und einen tollen Hofladen mit allerlei Bioprodukten und der Wolle des Schafs obendrein.

Adresse Gärtnerhof Callenberg, Callenberg 12a, 96450 Coburg-Beiersdorf, www.gaertnerhof-callenberg.de | **ÖPNV** Stadtbuslinie 5 Richtung Beiersdorf, Haltestelle Abzweigung Callenberg | **Anfahrt** B 4 Ausfahrt Rodacher Straße, Richtung Bad Rodach, vor Beiersdorf links abbiegen, der Beschilderung folgen | **Tipp** In der alten Schäferei bei Ahorn, deren zweites Standbein neben den Ausstellungsräumen die Museumspädagogik ist, befindet sich das Gerätemuseum. Für Schulklassen, Jugendgruppen oder auch Kindergeburtstage können hier zu verschiedenen Themengebieten Aktionsprogramme zusammengestellt werden.

17 Der Coburger Marsch

Der »österreichische« Prinz und Retter der Stadt

Prinz Josias war ein gestandenes Mannsbild. Seine Disziplin und sein taktisches Talent machten den gebürtigen Coburger, nachdem er 19-jährig seine Schwester nach Wien begleitet hatte, zum österreichischen Oberbefehlshaber und direkten Untergebenen des letzten römisch-deutschen Kaisers. Als »Türkenbezwinger« zog er siegreich in das eroberte Budapest ein. Aufgestiegen zum kaiserlichen Feldmarschall, war er Ende des 18. Jahrhunderts an zahlreichen Schlachten gegen die Franzosen beteiligt, ohne die eroberten Gebiete wie sonst üblich plündern zu lassen. Im Rückblick eine weise Entscheidung. Denn 1806 bewahrte er Coburg mit diplomatischem Geschick vor einer Plünderung durch die napoleonische Armee. Ein Faustpfand hierbei war sicherlich sein gütiges Verhalten während des zweijährigen Aufenthalts im Heimatland des gar nicht so kleinen Generals.

Die erfolgreichen Verhandlungen fanden im Bürglaßschlösschen statt, das Josias nach seiner Rückkehr Ende des 18. Jahrhunderts erwarb und in dem er 1815 verstarb. Das Gebäude diente später dem bulgarischen Zaren Ferdinand nach seiner Abdankung ebenfalls als Altersruhesitz. Nach dem Zweiten Weltkrieg kurzzeitig zum Requisitenlager des Theaters umfunktioniert, fand die Stadt als heutiges Standesamt eine angemessenere Nutzungsmöglichkeit. Der daran angrenzende kleine Park nennt sich »Josiasgarten«. Zu Ehren des berühmten Feldherrn wurde 1911 ein Denkmal geschaffen und in unmittelbarer Nähe aufgestellt. Doch noch mehr Ehre, wem Ehre gebührt: Mozart höchstpersönlich komponierte einen Tanz und nannte ihn »Der Sieg vom Helden Coburg«. Michael Haydn schrieb gar einen Präsentiermarsch, der als »Coburg-Marsch« noch heute bei festlichen Anlässen gespielt wird. Dabei hatte der Komponist gar nicht die Stadt, sondern nur den Prinzen im Sinn, dem er dieses für einen Soldatenmarsch untypisch langsame Musikstück widmete.

Adresse am Bürglaßschlösschen, Oberer Bürglaß 1, 96450 Coburg | **ÖPNV** alle Stadtbuslinien, Haltestelle Theaterplatz | **Tipp** August Sommer, der Erschaffer des Denkmals von Prinz Josias, gestaltete außerdem unter anderem den Centaur-Brunnen, der eingerahmt von vier neubarocken Säulen im Foyer des Rathauses zu bewundern ist. Der Kampf eines Fabelwesens mit einer Schlange ist an Symbolik in einem Regierungssitz wohl kaum zu überbieten.

18 Das Epitaph

Wimmelbild in St. Moriz

Herzog Johann Friedrich II. starb 1595 im österreichischen Steyr in exilähnlicher Gefangenschaft. Man kann ihn als streitbaren Geist bezeichnen, der gern gegen den Strom schwamm und sich, aus Sicht des Kaisers, mit den falschen Leuten gut stellte.

Das zu seinen Ehren 1598 fertiggestellte Wandepitaph aus Heldburger Alabaster galt in dieser Zeit als das größte derartige Werk im gesamten Römischen Reich deutscher Nation. Die beiden Söhne Johann Casimir und Johann Ernst ließen sich nicht lumpen. Über 13 Meter hoch und am Unterbau etwa halb so breit, aufwendig gestaltet und mit vielen kleinen Details gespickt. Eine Art Wimmelbild in der Morizkirche, auf dem es bei jedem Besuch noch etwas zu entdecken gibt.

Zentral auf dem hohen Sockel wird natürlich der Verstorbene dargestellt, kniend und betend. Gegenüber seine beiden Ehefrauen, die sich ihm zuwenden, hinter ihm die vier Söhne, zwei waren jung verstorben, die anderen beiden waren die Stifter. Darunter sind die nach vorn stehenden Widderköpfe besonders schön anzuschauen. Die Rückwand des Grabmals, steil und kerzengerade, ist reich an Illustrationen. Kleine Reliefs in Figurenhöhe stellen unter anderem die Geburt Jesu, die Opferung Isaaks und die Rettung von Jonas aus dem Fisch dar. Direkt hinter Johann Friedrich ist die Geschichte von Jakobs Heimführung zu sehen, sie soll wohl eine Parallelität zur Überführung seines Leichnams aus Österreich in die Grablege von St. Moriz darstellen. Darüber werden die Kreuzigung und Wiederauferstehung Christi thematisiert. Nach oben läuft das Gesamtwerk mit seinem enormen Facettenreichtum spitz zu, ähnlich einer Pyramide.

Das Renaissance-Machwerk wurde vom Bildhauer Nikolaus Bergner innerhalb von nur zwei Jahren geschaffen. Er selbst setzt sich am linken Sockelrand in Szene. Daneben ist als Relief, stellvertretend für alle am Bau beteiligten Helfer, einer seiner Gesellen abgebildet.

Adresse Kirchhof, 96450 Coburg | ÖPNV alle Stadtbuslinien Haltestelle Theaterplatz, die Grafengasse und Rückertstraße entlang zum Kirchhof | Tipp Der Stifter Johann Casimir ist am nach ihm benannten Gymnasium Casimirianum an der Ecke zu sehen und hat so die Eingangspforte von St. Moriz jederzeit im Auge.

19 Die Floßstegbrücke

Relikt an Coburgs einstiger Lebensader

Einst floss am Rande der Coburger Innenstadt ein kleiner, im Mittelalter künstlich zum Zwecke des Feuerschutzes angelegter Nebenfluss der Itz. Am »Hahnfluss« siedelten sich Müller, Gerber, Tuchmacher und Färber an und bereicherten die Innenstadt mit ihren Waren.

In den 1960er Jahren verkam er aber zur Müllhalde und wurde daher 1969 auf seiner kompletten Länge von fast vier Kilometern verrohrt. Auch wenn er nur noch unterirdisch verläuft, ist er heute noch omnipräsent im Stadtbild.

Vom Kino und der Hahnmühle aus kann man den alten Verlauf des Flusses anhand des Straßenverlaufs noch sehr gut nachvollziehen. In der Gerbergasse linker Hand ist ein altes Gerberwappen am Gebäude zu entdecken. Auch die erhöhten Hintertüren in der Schenkgasse veranschaulichen den alten Flussgraben. Auf den Dachböden der Häuser wurden die gegerbten Häute zum Trocknen aufgehängt. Hinter dem Gelände der heutigen Hauptpost schlängelte sich der Fluss, der eigentlich laut Definition ein Kanal war, da er weder eine Quelle noch einen überwiegend natürlichen Verlauf besaß, weiter und wurde nachfolgend durch ein Gewerbeareal überbaut. Durch die Anna-B.-Eckstein-Anlage folgt man dem Flussverlauf in die Walkmühlgasse mit dem Mühlrad rechts und dem Gerbergebäude links und erreicht eine große Kreuzung, die man überquert. Hier steht nun die Floßstegbrücke, mitten in einer Wiese. Die Szenerie mutet seltsam an, wird aber verständlich, wenn man weiß, dass der Hahnfluss hier einst seine letzten Meter zurücklegte. Den kleinen Fußweg Richtung Judenbrücke entlang sieht man ihn rechts, wie er wieder vom Rohr freigegeben wird und hier in die Itz zurückfließt. Wer etwas mehr Zeit mitbringt: Ab den ehemaligen Eisteichen der Brauerei Scheidmantel in Cortendorf kann der restliche Verlauf des Hahnflusses an den Firmen Lasco und Waldrich vorbei durch den Hahnweg bis zum Rittersteich abgelaufen werden.

Adresse Floßstegstraße, 96450 Coburg | **ÖPNV** Stadtbuslinie 2 und 3, Haltestelle Audi BKK | **Tipp** Das Coburger Schwimmbad »Aquaria« in der Rosenauer Straße verdankt seine Lage ebenfalls dem Hahnfluss. An heißen Tagen ist das Freibad mit Wellenbecken ein perfekter Ort zur Abkühlung.

20 Das Gemälde

Was, ein echter Brückner?

Ein Theaterfundus besteht wirklich aus allem, was man sich vorstellen kann. Die Darsteller im Rampenlicht brauchen passende Ausstattungsgegenstände, um verschiedene Epochen (was bringt eine elektrische Stehlampe in einem Stück aus dem 18. Jahrhundert?) und Regionen (Lederhosen in China, undenkbar) abzubilden. Es ist gar nicht so einfach, jedes noch so kleine Detail zu beachten.

Die Requisite des Coburger Landestheaters, nach dem Anschluss Coburgs an Bayern dritte bayerische Staatsbühne, war schon immer üppig ausstaffiert. Bevor es die heutige zweite Spielstätte in der Reithalle gab, existierte Anfang der 80er eine zweite Studiobühne im Hexenturm. Da musste natürlich auch das Equipment für das jeweilige Stück mit auf Reisen gehen.

So standen hier teilweise wochenlang die Stühle, Kleiderständer, Kulissen und der restliche Klimbim herum. Besonders vorsichtig ging man mit den Stücken nicht um. Eines Tages geriet ein am Rahmen arg ramponiertes Bild aus dem Fundus ins Visier eines Besuchers, der dem Bühnentechniker den entscheidenden Hinweis gab. Die Expertise erstaunte die Mitarbeiter: Es handelte sich um einen echten »Brückner«. Die Familie Brückner, insbesondere der Sohn Max, erlangte als Theatermaler hohen Ruhm. Max Brückner stattete Schauspielbühnen in ganz Deutschland gemeinsam mit seinem Bruder Gotthold aus und belieferte über Jahrzehnte die Wagner-Festspiele in Bayreuth mit seinen Werken. Das Talent in die Wiege gelegt bekamen beide von ihrem Vater Heinrich, der auch der Erschaffer des lädierten Bildes war. Rund 50 Gemälde der drei Theatermaler aus Coburg befinden sich noch heute auf Schloss Windsor in der königlichen Gemäldesammlung.

Das besagte wertvolle Kunstobjekt, auf dem ein Alpenpanorama mit schneebedeckten Gipfeln und einem Gebirgsbach zu sehen ist, kann man nun, nach einer aufwendigen Restauration, im linken Treppenaufgang des Landestheaters bewundern.

Adresse Schlossplatz, 96450 Coburg | **ÖPNV** alle Stadtbuslinien, Haltestelle Theaterplatz | **Öffnungszeiten** Führungen und Vorstellungen auf www.landestheater-coburg.de | **Tipp** Ernst I., der das Landestheater in Auftrag gegeben hat, hat noch heute ein Auge auf seinen ganzen Stolz. Gegossen aus zwei eingeschmolzenen französischen Kanonen, blickt er aus dem Rondell auf dem Schlossplatz zumindest mit einem Auge direkt auf den klassizistischen Bau.

21 Das Georgenspital

Der Drachenbezwinger vor den Toren der Stadt

Coburg scheint ein Faible für Schutzheilige und Märtyrer zu haben. Der heilige Georg steht dem heiligen Mauritius in Sachen Tapferkeit in nichts nach. Durch seinen mutigen Kampf mit einem gefährlichen Drachen befreite er eine Stadt im heutigen Libyen der Legende nach von der Unterdrückung durch die Bestie. Im Gegenzug verlangte er, dass sich die Bewohner zu Christus bekannten und taufen ließen. Er gilt als einer der 14 Nothelfer der katholischen Kirche, ist natürlich auch in Vierzehnheiligen vertreten und in Bambergs Stadtwappen das Pendant zum Mauritius.

Der heilige Georg ist übrigens nicht nur Helfer bei Erkrankungen und Kriegen, sondern auch für gutes Wetter und alle Haustiere »zuständig«.

In Coburg ist er Namensgeber des Georgenspitals. Das Alters- und Waisenheim aus dem 13. Jahrhundert befand sich am Ende der Spitalgasse gleich neben dem Spitaltor. Außerhalb der inneren Stadtmauern, da die Alten und die schwächlichen Kinder per se als krank und todgeweiht galten.

Später entstand an der Stelle des heutigen Gemüsemarkts ein ganzer Spitalhof mit zahlreichen Nebengebäuden und einer eigenen Landwirtschaft. Erst 1982 zogen die letzten Anteilseigner der Einrichtung, zwölf sogenannte Pfründnerinnen, aus. Völlig von der Bildfläche verschwunden ist es aber nicht. Noch heute zeugen zwei Darstellungen des »Drachentöters« vom Georgenspital. In der Georgengasse hängt ein Relief an der Hauswand des Nachfolgebaus. Am Hintereingang befindet sich außerdem ein Schild mit der Aufschrift »St. Georgen Spital«.

Der anno 1737 gestaltete alte Türrahmen des Wohnheims wurde bei der Neugestaltung des Platzes 1869 beim Bau des Anwesens Gemüsemarkt 1 wiederverwendet. Der tapfere Krieger mit wehendem roten Umhang, sein Pferd im Sprung, der Drache in den letzten Atemzügen. Wahrhaftige Heiligenverehrung. Der Wettiner Löwe und der Coburger Mohr schauen gebannt auf die spannende Kampfszene.

Adresse Gemüsemarkt 1, 96450 Coburg | ÖPNV alle Stadtbuslinien, Haltestelle Theaterplatz | Tipp Einen Spaziergang am Festungsberg durch das Villenviertel unternehmen nur wenige. Dabei ist auf der Alternativstrecke Richtung Veste deutlich mehr zu sehen als im Hofgarten, den die meisten bereits gut kennen.

22 Das Grüne Labor

Drum prüfe, wer sich ewig bindet

Ein Labor stellt man sich eher steril, kalt und unnahbar vor.

Die einheimische »Versuchsanstalt« hingegen ist genau das Gegenteil. Der in Coburg fast schon obligatorische Blick auf die Veste? Check. Frische Luft? Check. Fruchtbare Erde? Check. Zahlreiches Getier? Check. Zumindest die letzten drei Punkte wären ein Graus für jeden Reinraumfetischisten.

Das hiesige Projekt, ein experimenteller Garten, schrieb der gemeinnützige Verein von Baumfachleuten, ISA Germany, 1999 deutschlandweit aus. Coburg erhielt recht überraschend den Zuschlag. Die Forscher pflanzten im Westen der Stadt 80 unterschiedliche Baumarten unter verschiedenen Gesichtspunkten und Voraussetzungen. Ziel dieser Aktion ist die fortwährende Analyse, welche Gattungen den beschleunigten Klimawandel ertragen, welches Substrat sich zum Anbau am besten eignet und wie die Bäume miteinander auskommen. Eine Art Stresstest für Pflanzenkoalitionen also. Deutschlandweite Baumpflanzungen in Innenstädten greifen auf die Ergebnisse aus Coburg zurück. Wie verträgt sich die Birke mit der Esche? Kann die Fichte mit der Hemlocktanne, oder sollten sich die beiden eher aus dem Weg gehen? Und ist der schlechte Ruf der Thuja tatsächlich gerechtfertigt?

Bei den Apfelsorten geht es dann sogar recht adelig zur Sache. Da steht der »Freiherr von Berlepsch« neben der »Goldrenette von Blenheim«, der »Schöner aus Herrnhut« rückt den beiden aber bereits ganz schön auf die Pelle. Wäre ja auch schade, wenn sich die Gattungen untereinander nicht so richtig »grün« sind.

Apropos grün: Hier oben ist es einfach nur schön. Heißt auch nicht umsonst »Himmelsacker«. Auf jeden Fall ein Geheimtipp für einen gemütlichen Spaziergang. Den Blick zum Goldbergsee gibt es als Zugabe. Wer die »Coburger Mai Herzkirsche«, ein Edelgehölz mit wohlschmeckenden dunkelroten Früchten, nicht kennt, lernt sie hier, gegenüber vom offiziellen Schild des Labors, kennen.

Adresse Himmelsacker, 96450 Coburg | **Anfahrt** den Judenberg hinauf, dann der Beschilderung zum Himmelsacker folgen, oben angekommen rechts halten | **Öffnungszeiten** immer geöffnet | **Tipp** Der Bismarckturm einige Meter entfernt bildet mit den Türmen der Veste Coburg, Schloss Callenberg und dem Eckardtsturm ein Türmerechteck mit einer gegenseitigen Sichtverbindung.

23 Der Gurken-Alex-Brunnen

Andenken an ein Coburger Original

Klein war er, der Gurken-Alex. Sehr klein sogar. Aber nicht so klein, wie es einem so mancher Fremdenführer weismachen will. Denn die behaupten gern, dass er hier in Lebensgröße steht.

Der Gurken-Alex wurde 1884 als »Edmund Alexander Otto«, Sohn eines »Bureaugehülfen«, in Coburg geboren. Aus armen Verhältnissen stammend, begann er nach der Schule eine Lehre zum Buchbinder. Recht schnell merkte er aber, dass dies nicht seine Erfüllung war. Auch wenn er ein ruhiger und zurückhaltender Zeitgenosse war, befand er sich doch gern unter Menschen.

So schnappte er sich eines Tages einen Koffer, den er liebevoll »meinen Laden« nannte, und füllte diesen mit Rasierzeug, Schnürsenkeln, Bonbons, Schokolade und reichlich unnützem Tand. Damit zog er nun von Haus zu Haus, um davon seinen Lebensunterhalt zu verdienen. Auf der Nase trug er schon recht bald eine Brille mit starken Gläsern. Seine Schlagfertigkeit, die man ihm kaum zugetraut hätte, wurde zu seinem Markenzeichen, und für jeden Kunden hatte der Alex eine Lebensweisheit parat. Die meisten belächelten und verspotteten ihn jedoch ob seines Aussehens und seiner geringen Körpergröße.

Mit dem Alter und dem nachlassenden Sehvermögen stieg er dann beim Verkauf auf »Kümmerlinge«, frische eingelegte Salzgurken, um. Der Spitzname »Gurken-Alex« war geboren. Sein Geschäftsgebiet passte er an seine Kunden an. Er machte sich nun von einem Volksfest zum nächsten auf, fuhr jeden Morgen in die umliegenden Dörfer, um abends wieder nach Hause zurückzukehren. Eine Frau und Kinder hatte er nie, nur seinen Beruf. Mit seinen kurzen, dünnen Beinen und spärlichen grauen Haaren war er bekannt wie ein bunter Hund. Als der Alex dann noch zum Vorsitzenden des Preisskatclubs gewählt wurde und sich einmal im Landestheater selbst darstellte und dafür tosenden Beifall erhielt, fühlte auch er sich einmal richtig … groß.

Adresse Herrngasse, 96450 Coburg | **ÖPNV** alle Stadtbuslinien, Haltestelle Theaterplatz | **Tipp** An seinem Geburtshaus im Steinweglein ist eine etwas verwirrende Tafel angebracht. Er verstarb bereits 1960. Die Tafel mit der Aufschrift »1884–1984« (man beachte den Bindestrich) wurde zu seinem 100. Geburtstag gefertigt.

24 Der Hafen

Mit dem Schiff von Wien über Coburg nach Bremen

Nicht nur das Rummental hätte einst ganz anders aussehen können. Das Tröten eines Ausflugsdampfers, das Brummen von Schiffsmotoren, das stakkatohafte Paddeln einer Kanu-Trainingsgruppe der Hochschule… unvorstellbar? Nicht unbedingt.

1660 kam unter den Herzögen der zahlreichen sächsischen Kleinstaaten erstmals der kühne Plan auf, den Main mit der Werra zu verbinden. Zwischen Lichtenfels und Veilsdorf hätte man gerade mal eine Luftlinie von 40 Kilometern überbrücken müssen. Erst um 1900 wurden neue Varianten und Trassenführungen ausdiskutiert und ernsthaft in Erwägung gezogen. Von Hebewerken, Schleusentreppen, Aquädukten, Schrägaufzügen, ja gar von einem neun Kilometer langen Tunnel für den Kanal war die Rede. Auch militärische Aspekte flossen in die Planung ein. Eine Alternative zum taktisch wichtigen, aber auch umkämpften Rhein fehlte bislang.

Die Residenzstadt selbst wurde von den Plänen zu Beginn nur tangiert. 1940 kam dann die »Coburg-Linie« auf den Tisch. Diese verlief von Rodach kommend an Gauerstadt, Herbartsdorf und Beiersdorf vorbei nach Neuses. Der Hafen war östlich vom Goldberg, in etwa am heutigen Standort des Müllheizkraftwerks, geplant. Inmitten des Industriegeländes kommt an einem windigen, regnerischen Tag heutzutage auch tatsächlich Hafenfeeling auf.

Danach sollte der Kanal oberhalb des Bahnhofs am Hang entlang auch den Judenberg kreuzen und dann über Ahorn, die Haarth und an Scherneck vorbei nach Buch am Forst abzweigen und von dort nach unten in den Main führen. Eine kaum vorstellbare Landschaftsveränderung!

Mit der innerdeutschen Grenze erledigte sich das Projekt mit seinen unzähligen Streckenführungen, von denen jene über die Kreck, die Rodach und die Itz noch am realistischsten gewesen wäre, von selbst. Zum Glück! Denn der damalige Gedankengang, dass die Bahn durch das Schiff abgelöst werden würde, erwies sich später als Trugschluss.

Adresse Mittlerer Weg, 96450 Coburg-Neuses | Anfahrt A 73 Ausfahrt 7 Coburg, Richtung Innenstadt, Ausfahrt Neuses / Bertelsdorf, am ersten Kreisel geradeaus, in der Nähe des zweiten Kreisels parken | Tipp In Sichtweite befindet sich der Goldbergsee. Dieser lädt mit seinem Naturlehrpfad, Bade- und Segelmöglichkeiten zu allen Jahreszeiten zum Spazierengehen oder Entspannen ein.

25 Die Herzoglichen Gräber

Friedhöfe im Callenberger Forst

Romantisch wie aus einem Märchenbuch entsprungen liegt Schloss Callenberg, Jagd- und Sommerresidenz der Coburger Herzöge, nordwestlich am Stadtrand. Besonders reizvoll und mit vielen kleinen Details gespickt ist der angrenzende Wald, der einst als Schlosspark gedacht war, sich aber schnell verloren gegangenes Terrain zurückeroberte.

Der Friedhof des Coburger Adelsgeschlechts im Callenberger Forst ist einfach zu erreichen, indem man das Schloss »links liegen« lässt und sich dann rechts hält. Der kleine, steile Pfad mit einigen Treppenstufen ist kaum zu übersehen. Hier oben auf der Anhöhe liegen die zuletzt Verstorbenen des bis 1918 in Coburg regierenden Hauses begraben. Umfriedet von einer runden, flachen Steinmauer. Prinz Hubertus möchte man für seinen Grabstein noch ein »en« spendieren. Die fünf flachen Grabplatten werden von einem Steinkreuz überragt.

Es existiert aber noch ein zweites Gräberfeld in diesem Wald, das kaum einer kennt. Die zahlreichen Teiche, die südöstlich vom Schloss wie an einer Perlenschnur aufgereiht sind, werden von zwei Wegen eingefasst. An jener Stelle, an der diese beiden im Süden wieder aufeinanderstoßen, zeigt sich südwestlich unter hochgewachsenen Fichten ein fast schon kitschig grüner Moosteppich, der vor einem Dickicht endet.

Hier im Weihersholz befindet sich der alte Hundefriedhof für die herzoglichen Schoßtiere, etwa einen Kilometer Luftlinie vom Schloss entfernt. Herzog Ernst II. legte diese Begräbnisstätte Mitte des 19. Jahrhunderts an. Sie ist kaum mehr wahrzunehmen, da die Waldlichtung bereits größtenteils überwuchert ist. Es stehen noch vier Gedenksteine. Zwei weitere sind stark beschädigt und nur noch in Bruchstücken vorhanden. Der letzte Vierbeiner wurde 1896 begraben. Die Hunde erfuhren auch im Tode noch besondere Aufmerksamkeit: Jeder für sich bekam eine persönliche Widmung auf seinen Grabstein gemeißelt.

Adresse Callenberg, 96450 Coburg | **Anfahrt** B 4 Ausfahrt Rodacher Straße, Richtung Bad Rodach, vor Beiersdorf links Richtung Schloss Callenberg | **Öffnungszeiten** Stadtbuslinie 5 Richtung Beiersdorf, Haltestelle Abzweigung Callenberg | **Tipp** Das Schloss Callenberg bietet zwei Ausstellungen: das Deutsche Schützenmuseum mit zahlreichen olympischen Fackeln und den Herzoglichen Kunstbesitz. Das Schloss und die Kapelle werden gern für Hochzeitsmessen und -feiern gebucht.

26 Das Hofbrauhaus

Einst Kreationen von Bier, nun Kreativitätspionier

»Es ist ein überaus reizender und für Studien geeigneter Ort.« Diesen Satz schrieb Martin Luther während seines Aufenthalts auf der Veste über die Stadt, die ihm da zu Füßen lag, nieder. Er sollte recht damit behalten, dass Bildung hier einmal eine große Rolle spielen würde.

Gleich vier Gymnasien im Stadtkern und die »ASCO« für alle Sprachtalente, die ihre Begabung zum Beruf machen wollen, gibt es in Coburg. Mit dem Studiengang »Integriertes Produktdesign« an der Hochschule existiert außerdem ein deutschlandweit einzigartiger Kurs. Hier wird nicht nur das kreative und innovative Gestalten gelehrt, sondern auch das Verständnis für das Material und den späteren Verkauf der selbst entwickelten Objekte.

Das Hofbrauhaus an der Frankenbrücke bietet diesem Kurs einen perfekten Rahmen. Auf dem heutigen Campusgelände stehen neben dem Brauhaus noch zahlreiche weitere alte, aber dazwischen auch viele moderne Gebäude.

Der imposante Fabrikbau, der alle Durchreisenden direkt an der Bundesstraße empfängt, entstand 1857 als siebte Braustätte der Stadt. Nach nur wenigen Jahren gingen die anderen alteingesessenen Bierproduzenten in die im Hofbrauhaus ansässige »Actien-Bierbrauerei AG« über, die immer mehr an Größe gewann. Der Export von Coburg Bavarian Beer in die Vereinigten Staaten vervollständigte die Erfolgsgeschichte. Vor dem Ersten Weltkrieg produzierten die Coburger ein Achtel des Bierexports aus Deutschland in die USA. Recht beachtlich, sollte man meinen. Ein Verkauf des Gerstensaftes ins benachbarte Bayern war übrigens bis zum Anschluss Coburgs 1920 nicht möglich, da dort ein Einfuhrverbot für »auswärtiges Bier« galt.

In den Jahren der deutschen Teilung stagnierte das Unternehmen, die Einstellung der Produktion erfolgte aus wirtschaftlichen Gründen 1981. Nach einem Großbrand 1999 und einer umfangreichen Entkernung und Renovierung entstand hier das Designzentrum.

Adresse Am Hofbräuhaus, 96450 Coburg, www.designwerkstatt-coburg.de | **ÖPNV** Stadtbuslinien 2 und 3, Haltestelle Am Hofbräuhaus | **Tipp** Auf dem Fußweg vom Campus Design Richtung Fachoberschule befindet sich das alte Wasserwerk, ein schicker Säulenbau mit einer Aussichtsterrasse, von der man mal einen anderen Blick auf Coburg erhält.

27 Die Hofkonditorei Feyler

Guten Freunden gibt man ein Schmätzchen

In Coburg entstanden Ende des 19. Jahrhunderts die allerersten Küsschen der Welt, die man essen konnte. Wie es dazu kam? Auf der »Heyde« zwischen Coburg und Neustadt herrschten perfekte Bedingungen zur Haltung von Bienenvölkern. Daher siedelten sich hier zahlreiche »Lebküchner« aus dem Nürnberger Raum an. Die Grundlage war geschaffen für Menschen wie Wilhelm Feyler. 1907 bekam er vom Herzogshaus den Titel »Hoflieferant« verliehen. Seine Bäckerei war da gerade einmal 15 Jahre alt. Der Aufstieg zum Günstling des Adels war zwar eine große Auszeichnung, ein Ruhekissen war dieses Privileg aber trotzdem nicht. Die Qualität der Waren wurde von den Landesherren ständig kritisch beäugt.

Nicht weit vom Marktplatz entfernt bot Feyler seine Waren an. Gleich zu Beginn ersann der Firmengründer eine Spezialität des Hauses, die er als »Schmätzchen« bezeichnete und später als eingetragene Marke schützen ließ.

Der spezielle Vorteig wird bereits einige Monate zuvor angesetzt und ruht im Keller, bis der Gärprozess seine Aromen vollständig entfaltet hat. Der Name des Gebäcks geht auf das eher flapsige »Schmatz« für einen beiläufigen Kuss zurück. Die extravagante Steigerung der nicht zu weichen Knuspertaler aus Honigteig, Gewürzen und vielerlei Nüssen nannte Feyler »Goldschmätzchen«. Das Besondere ist ein feiner Schokoladenüberzug, der einen kleinen Tupfen echtes Blattgold erhält. Der Ruf als besonders raffinierter Meister seines Fachs entstand zu Beginn des 20. Jahrhunderts, als seine Eigenkreation auf den Weltausstellungen prominente Ver(z)ehrer fand und einige Goldmedaillen einheimste, die nicht ohne Stolz auf den heutigen Geschenkpackungen dargestellt werden. In der »Bayerischen Lebkuchen- und Feingebäckfabrik« wird jetzt bereits in der vierten Generation gebacken. Dank der geheimen Gewürzmischung schmecken die »Schmätzle« garantiert noch genauso wie vor über 100 Jahren.

Adresse Rosengasse 6, 96450 Coburg, www.feyler-lebkuchen.de | ÖPNV alle Stadtbuslinien, Haltestelle Theaterplatz, rechts vom Rathaus in die Rosengasse | Anfahrt B 4 Abfahrt Frankenbrücke, geradeaus Richtung Kongresshaus, dann links durch das Ketschentor, am Albertsplatz vorbei und dann links in die Rosengasse (verkehrsberuhigte Zone) abbiegen | Tipp Sieben Geschäfte in Coburg erhielten während der Regentschaft der Herzöge den Titel »Hoflieferant«. Eines davon, die Hofapotheke am Markt, verkauft passenderweise das Schmätzchengewürz zum Nachbacken der Honigtaler.

28 Das Kaufhaus Conitzer

Finstere Wolken über der Stadt

Coburg hat tatsächlich so einiges, auf das es mächtig stolz sein kann. Doch wie so oft gibt es auch einen Schandfleck, über den nur ungern gesprochen wird: die braune Vergangenheit.

Mit einem umfangreichen Produktsortiment war das jüdische Manufaktur- und Kurzwarengeschäft Conitzer in der Haupteinkaufsstraße Coburgs ein beliebtes Ziel für den Einkaufsbummel – bis 1935. Die »Arisierung« des Unternehmens und Vertreibung und Deportation der ehemaligen Eigentümer fügte sich nahtlos in die Geschehnisse der 1920er und 30er Jahre ein. Der »Marsch auf Koburg« im Jahr 1922, Hitlers Einzug in die Stadt mit seinen Schergen der ersten Stunde, wurde später in »Mein Kampf« als Geburtsstunde und Meilenstein der NSDAP glorifiziert. Der spätere Führer traf kurz nach Ende des Ersten Weltkriegs im gerade aufgelösten Herzogtum den Nerv der Zeit. Das Coburger Rathaus war einige Jahre später das erste öffentliche Gebäude Deutschlands mit einer gehissten Hakenkreuzfahne. Weitere Premieren: die deutschlandweit erste Wahl eines NSDAP-Politikers zum Bürgermeister sowie Hitlers Ernennung zum Ehrenbürger im Februar 1932, nur wenige Stunden nach seiner »Einbürgerung« in Deutschland. Der erste Versuch, Hitler »einzudeutschen«, scheiterte übrigens in Hildburghausen.

Im Prinzip war Coburg in den Folgejahren nichts anderes als eine Generalprobe fürs Reich. Die Einflussnahme auf die Polizei, der Boykott jüdischer Geschäfte, die Schließung der Synagoge und die Einführung eines Arbeitsdienstes für »Sozialschmarotzer« wurden hier getestet und später im ganzen Reich umgesetzt.

Zahlreiche Straßen erhielten neue »deutsche« Namen. Oberhalb des Bahnhofs sollte als Gegenpol zur Veste eine protzige Aufmarschallee mit Exerzierplatz unterhalb einer riesigen Veranstaltungshalle entstehen. Am Saarlandberg gelegen, der 1945 nach der Befreiung vom NS-Regime seinen ursprünglichen Namen Judenberg zurückerhielt.

Adresse Spitalgasse 19, 96450 Coburg | ÖPNV alle Stadtbuslinien, Haltestelle Theaterplatz | Tipp Die Stolpersteine stehen für eine besondere Form der Vergangenheitsbewältigung. Ein informativer Prospekt liegt in der Tourist-Info aus und zeigt die Wohnhäuser der deportierten Juden.

29_Der Ketschenanger

Da hat aber jemand den Vogel abgeschossen

Für viele ist der »Anger« im Alltag nicht mehr als ein Abstellplatz für das zwei- oder vierrädrige Vehikel. Das war früher ganz anders.

Das Gebiet erstreckte sich von der Uferstraße bis zum Rosengarten. Der Begriff geht auf »Ketschen« für die natürlichen Wasserschleifen eines Flusses und »Anger« als öffentliche Grünfläche zurück. Die große Fläche vor den Toren der Stadt war einige Jahrhunderte die Schießstätte für die Bürgerwehren und ist noch heute Austragungsort des »Vogelschießens«. Denn die Tradition der Schützen reicht in Coburg weit zurück. 1354 wird Kuntz Ecker als erster bürgerlicher Waffenmeister erwähnt. Zuvor gab es noch Ritterschaften, die sich um die Sicherung der Stadt kümmerten.

Das Vogelschießen, im Prinzip der Nachfolger eines simplen Schießtrainings, lief ursprünglich so ab: Ein hölzerner Vogel, aus zahlreichen Spänen gepresst, wurde an einer Stange in einigen Metern Höhe aufgehängt und mit der Armbrust beschossen. Der Preis richtete sich nach dem Gewicht der abgeschossenen Späne. Wer den kompletten Vogel zum Absturz brachte, war ein ganzes Jahr lang von Steuern und den Diensten für die Allgemeinheit befreit. Um 1600, Johann Casimir hatte gerade die Schützenordnung mit diesem Anreiz für den Sieger erlassen, entstand eine zweite Schießstätte, die »Stahlhütte«, auf dem Grund des heutigen Landestheaters.

Ab 1623 gab es dieses ansehnliche Preisgeld nicht mehr. Deshalb und auch wegen des Dreißigjährigen Krieges ließ der Run auf die Veranstaltung in den Folgejahren nach. 1903 bauten die Schützen etwas entfernt im Weichengereuth ein Vereinsheim. Später hieß dieses Gebäude »Altes Schützenhaus« und machte sich als Gaststätte einen Namen. Das Büro der Schützengesellschaft ist immer noch hier. Die jetzige Indoor-Schießanlage befindet sich in den alten Angerturnhallen an der Nordseite des Platzes, der nun vielleicht für den einen oder anderen nicht mehr nur ein Parkplatz ist.

Adresse Schützenstraße, 96450 Coburg | **ÖPNV** Stadtbuslinien 2, 3 und 4, Haltestelle Landgericht, Stadtbuslinien 1, 1A und 6, Haltestelle Kongresshaus | **Anfahrt** B 4 Abfahrt Frankenbrücke | **Tipp** Hier gilt »Der späte Vogel fängt den Wurm«. Wer abends zum Ketschenanger fährt, kann ein prächtiges Farbenspiel des SÜC-Gebäudes erleben. Da sieht man den Platz noch mal in einem ganz anderen Licht.

30 Die Koháry-Gruft

Die Rückkehr der Katholiken

Die katholische Kirche war nach der Reformation in Coburg tatsächlich 270 Jahre lang überhaupt nicht mehr präsent. Eine lange Zeit. Von 1530 bis nach 1800 fand kein einziger katholischer Gottesdienst statt, da schlichtweg kein Bedarf bestand.

Mit den Jahren kamen aber doch wieder Katholiken in die Stadt. Die erste Möglichkeit, einen Gottesdienst in Coburg zu feiern, erhielt die noch recht kleine Gemeinde 1802, in einem gewöhnlichen Zimmer einer Wohnung in der Ketschengasse. Ab 1806 nutzten sie die Nikolauskapelle (siehe Ort 42). Zehn Jahre später entstand die katholische Linie des Herzogshauses. Prinz Ferdinand August, Onkel von Prinz Albert, konvertierte 1818 nach seiner Heirat mit der ungarischen Fürstentochter Maria Antonia von Koháry. Einer seiner Söhne, Prinz August Victor, förderte und forderte die Errichtung eines angemessenen Gotteshauses. Die im neugotischen Stil gebaute katholische Stadtkirche am Festungsberg in Sichtweite zu Schloss Ehrenburg wurde 1860 eingeweiht.

Die Gruft unter der Kirche beeindruckt in der rechten Krypta durch den zentral stehenden, wuchtigen, aus Carrara-Marmor gefertigten und mit einem Engel dekorierten Doppelsarkophag. Prinz August Victor liegt hier neben seiner Frau Prinzessin Clementine von Bourbon-Orléans, ihres Zeichens immerhin französische Königstochter, begraben. Weitere hochrangige Adelige fanden ihre letzte Ruhe in dieser Grablege. Der Zinksarg von Sohn Ferdinand, 1887 zum bulgarischen Fürsten gewählt und von 1908 bis 1918 Zar des südosteuropäischen Landes, steht direkt vor dem Totenschrein der Eltern. Sein Bruder August Ludwig, durch die Heirat mit einer Prinzessin aus Südamerika zum brasilianischen Admiral aufgestiegen und ohne Militärputsch fast auf dem dortigen Kaiserthron gelandet, befindet sich im linken Teil der Gruft. Insgesamt 15 Mitglieder der Koháry-Linie sind hier in diesem würdevollen Rahmen beigesetzt.

Adresse Festungsstraße 2, 96450 Coburg | ÖPNV alle Stadtbuslinien, Haltestelle Theaterplatz, von dort am Bürglaßschlösschen vorbei 150 Meter Richtung Veste | Öffnungszeiten Der Schlüssel für die Gruft ist im Pfarramt erhältlich, Mo–Fr 8–17 Uhr. | Tipp Auf dem Coburger Friedhof gibt es das sehenswerte Mausoleum, in dem ebenfalls zahlreiche Herzöge und Anverwandte begraben sind. Hier liegen Angehörige des evangelischen und des katholischen Zweigs, da die Gruft unter St. Moriz keinen Platz mehr hergab und St. Augustin 1858 noch nicht fertiggestellt war.

31 Das Lutherdenkmal

Geht Reformation da nicht ein bisschen zu weit?

Lutherschule, Lutherstraße, Lutherweg, Lutherbüste. Man könnte fast meinen, der Reformator höchstpersönlich war einmal in Coburg zu Besuch. Jeder, der das denkt, liegt aber falsch. Ein Blick in die Geschichtsbücher verrät, dass es mitnichten ein kurzer Abstecher war. Ganze sechs Monate hielt Martin Luther sich in Coburg auf. Zu dieser Zeit die südlichste sächsische Stadt, in der er sich sicher fühlen konnte. Während des Reichstags in Augsburg harrte er auf der Veste aus, übersetzte zahlreiche Kapitel der Bibel ins Deutsche und wartete auf gute Kunde aus dem Süden. Die bekanntlich nie kam. Daher ist es nicht verwunderlich, dass in der Burganlage besonders viel an den Theologen aus Eisleben erinnert. Das Lutherzimmer, die Kapelle, das Relief in den Kunstsammlungen und die Büste an der Steinernen Kemenate runden einen »Lutherrundgang« durch Coburg nämlich erst richtig ab.

Doch wer sich neben der Kapelle auf den Treppen nach oben begibt und dort auf der Hohen Bastei den atemberaubenden Fernblick genießt, sollte einen kleinen Blick zurück Richtung Gotteshaus nicht vergessen.

Ein nackter Mann auf einem Pferd. Die Fackel fest umschlossen in der linken Hand. Der Brustkorb wirkt wie ein Panzer, breit und kräftig, der Reiter stark und selbstbewusst. Zu Füßen ein Krieger, der Schwert und Schild ablegt.

Und bevor hier jemand denkt: Was hat dieser Jüngling, der wie ein olympischer Fackelträger aussieht, auf dieser Seite verloren? Ganz einfach: weil er genau hierher gehört. Denn wir sprechen von niemand Geringerem als von Martin Luther. Als »Lichtbringer« des Glaubens, der aus dem Dunkeln hervortritt, dargestellt. Dieses von Herzog Carl Eduard in Auftrag gegebene Denkmal hebt sich wohl von allen, die den Reformator abbilden, deutlich ab. Kennt man ihn doch sonst nur mit einer Kutte bekleidet, ein Buch in der Hand, belesen und tugendhaft.

Adresse Veste Coburg, 96450 Coburg | **ÖPNV** Stadtbuslinie 5 bis Endstation Veste | **Anfahrt** von der Innenstadt aus der Beschilderung folgen, den Festungsberg hinauf | **Tipp** Das südlichste Teilstück des Lutherweges stellt einige schöne evangelische Kirchen in und um Coburg zur Schau. Unter www.lutherweg.de kann die Wegstrecke eingesehen werden.

32_Die Marathonstrecke

Aus gutem Grund 42,195 Kilometer!

Coburg und Marathon gehören allein schon aus historischen Gründen fest zusammen. Nein, nicht die Orte, sondern die Laufdistanz. Die Länge der Marathonstrecke von 42,195 Kilometern hat nämlich mitnichten mit der Länge der Strecke von dem Ort Marathon in die griechische Hauptstadt Athen zu tun. Diese Entfernung wurde vom Haus Sachsen-Coburg-Gotha eingeführt! Als Regentin des britischen Empire war es der damaligen Königin während der Olympischen Spiele 1908 wichtig, dass vor ihrem Balkon auf Schloss Windsor der Lauf starten und natürlich vor der Königsloge im Stadion in London enden sollte. Als grober Richtwert für die Länge des Marathonlaufs galt eine Entfernung von 40 Kilometern. Ein spannendes Finish und umstrittenes Ergebnis führte in den Folgejahren zu zahlreichen Revancheläufen. Aus Gründen der Chancengleichheit wählten die Teilnehmer immer die Distanz, die auch in London galt und 1924 dann ganz offiziell festgelegt wurde.

Unter Federführung des Sportvereins aus dem Stadtteil Lützelbuch ist in Coburg 2006 die erste permanent ausgeschilderte Marathonstrecke Deutschlands entstanden. Start- und Zielpunkt befinden sich vor der Rolf-Forkel-Halle im Coburger Osten. Die Beschilderung weist immer den richtigen Weg, alle fünf Kilometer wird die bereits zurückgelegte Distanz genannt. Ein Flyer ist am Startpunkt und in der Tourist-Info erhältlich und zeigt den gesamten Streckenverlauf auf. Zumeist geht es über Fußgängerwege, ab und an aber auch mal über Waldboden oder an einer Straße entlang. Auf dieser Strecke umläuft man Coburg buchstäblich und lernt die äußeren Stadtteile mit dörflichem Charakter näher kennen. Ein kleiner Abstecher führt aber auch an der Veste vorbei durch den Hofgarten in die Innenstadt. Einsteiger können zwischen Schloss Ketschendorf und der Ehrenburg eine Abkürzung nutzen und somit entweder die westliche oder die östliche Schleife laufen.

Adresse Rolf-Forkel-Halle, Hofwiese, 96450 Coburg-Lützelbuch | **ÖPNV** Stadtbuslinie 7 Richtung Neershof, Haltestelle Lützelbuch | **Anfahrt** B 4 Abfahrt Coburg Süd, am Kreisel rechts, der Beschilderung nach Lützelbuch und dort der Beschilderung »Rolf-Forkel-Halle« folgen | **Tipp** Für Sportbegeisterte existieren in Coburg außerdem ein Trimm-dich-Pfad im Callenberger Forst und eine Strecke für Orientierungslauf im Hofgarten.

33 Mars und Neptun

Ein Hauseingang zieht um

Die beiden haben schon einige gemeinsame Jahre auf dem Buckel. 300 sind es fast, um genau zu sein. Ihre gemeinsame Geschichte beginnt 1739 unweit des Marktplatzes. Nachdem die Renaissance die Kultur der griechischen und römischen Antike neu belebte, löste der Barockstil die strengen konservativen Vorgaben auf und gab den Baumeistern die Möglichkeit, ihre Kreativität zu verwirklichen. Der Einfluss südländischer Mythen nahm aber deshalb nicht ab, sondern war eine perfekte Grundlage für Experimente.

Die Hausfassade der Spitalgasse 4 bekam daher von einem italienischen Stukkateur zwei Schwergewichte der Mythologie verpasst.

Gott Mars in Ritterrüstung auf einen Schild gestützt, gegenüber sein Kumpan Neptun mit Anker und dem obligatorischen Dreizack in der Hand. In Coburg. Ja, tatsächlich. Da kann man noch so aufmerksam durch die Gassen laufen, die Götter befinden sich nicht mehr dort, wo sie einst den ganzen Trubel der Innenstadt mitbekamen.

Denn Mitte des 20. Jahrhunderts war der Eingang in der Haupteinkaufsstraße auf einmal überflüssig, wurde gar als »hässlich« bezeichnet, da die Gebäudefront an sich ziemlich heruntergekommen war. Bei den Umbaumaßnahmen wurde jedoch schnell klar: Eine Zerstörung muss auf jeden Fall vermieden werden. Die beiden hellenischen Hochkaräter vollständig zu opfern, diesen Frevel wollte sich keiner leisten. Doch wohin mit einer solch wuchtigen Eingangspforte? »Auf die Veste« war der Plan, dazu kam es aber nicht. Ihr heutiger Standort ist daher nicht unbedingt ihrem Erscheinungsbild angemessen. Der Edinburgh-Palais im Rücken der beiden Götter zieht die Blicke der Vorbeilaufenden auf sich. Die Front mit einigen Garagen an der Einfahrt auf den Schlossplatz macht dagegen nicht besonders viel her. Doch gerade deshalb müssten die beiden auffallen. Tun sie aber nicht, da sie sich, fast schon zu harmonisch, in die Reihe eingefügt haben.

Adresse Schlossplatz 5b, 96450 Coburg | ÖPNV alle Stadtbuslinien, Haltestelle Theaterplatz | Anfahrt B 4 Abfahrt Frankenbrücke Richtung Schlossplatz, nach dem Landestheater rechts abbiegen | Tipp Im Restaurant Hopfen und Malz nur wenige Meter entfernt kommen nicht nur die Vegetarier und Veganer, aber gerade die besonders, auf ihre Kosten.

34 Die Mittagssäule

Hölzerne Kunst mit Überraschungseffekt

Unter dem eher sperrigen Motto »Skulpturen auf neuen Wegen zur Transzendenz« lud das Bistum Bamberg 2007 zu seinem 1.000-jährigen Jubiläum zahlreiche Künstler ein. Verschiedene Stiftungen unterstützten und finanzierten das Vorhaben, Kunst und Kirche als perfekte Symbiose darzustellen.

Auch Coburg erhielt in diesem Zusammenhang eine Installation. Den Standort kann man ruhig als gewagt bezeichnen. Die Skulptur »Noon Column« wurde im Hofgarten aufgestellt, fast in Sichtweite des Reiterdenkmals Herzog Ernsts II. Wahrlich große Konkurrenz.

Der Bildhauer David Nash, in seiner Heimat mit dem Verdienstorden »Order of the British Empire« ausgezeichnet, wählte den idealen Platz für sein Werk selbst aus. Was gar nicht so einfach war. Seine Säule, aus einem fast zwei Tonnen schweren Eichenstamm geschlagen, besitzt zentral im oberen Teil einen schmalen Spalt. Mittags, 12.20 Uhr zur Winter- und 13.20 Uhr zur Sommerzeit, wirft die Sonne, sofern sie denn scheint, ihr Licht durch diesen Schlitz bis auf den Boden und spendiert dem Schatten einen leuchtenden Kern, einen auffälligen Mittelpunkt. Den Kelten nachempfunden, die damit Vorbild für die ersten vorchristlichen Symbole waren. Das Gebilde bietet einen gelungenen Kontrast zum artenreichen historischen Baumbestand des weitläufigen Landschaftsgartens.

Nash ist sonst eher für konzeptionelle Kunst bekannt. Holz ist für ihn Element und Muße zugleich. Das bekannteste Werk in seiner Heimat Wales, an einem geheimen Ort auf von ihm erworbenen Grund in einem Nationalpark: der »Ash Dome«, bestehend aus 22 Eschen, die der Künstler seit über 30 Jahren hegt und pflegt und von denen er unregelmäßig Fotos veröffentlicht. Intention des Projekts ist das kuppelförmige Zusammenwachsen der Baumwipfel. Die Bäume wirken, als ob sie mit ausgestreckten Armen miteinander tanzen. Kunst muss gar nicht schön sein. Ab und zu ist sie es aber.

Adresse Hofgarten, 96450 Coburg | **ÖPNV** alle Stadtbuslinien, Haltestelle Theaterplatz | **Tipp** Der kleine Rosengarten, der südwestlich an den Hofgarten anschließt, ist eine Idylle der Ruhe. Hier trifft eine enorme Blumen- und Blütenvielfalt auf historische Kunstobjekte aus den vergangenen drei Jahrhunderten.

35 Die Prinz-Albert-Statue

Mehr Königliche Hoheit als Prinzgemahl

Der Ehemann von Queen Victoria. Auf diese Beschreibung wird der gebürtige Coburger Prinz Albert häufig reduziert. Das wird ihm aber bei Weitem nicht gerecht.

Als Begründer und »Erfinder« der Weltausstellung ist er, wenn auch nur indirekt, für den späteren Bau des Pariser Eiffelturms und des Atomiums in Brüssel mitverantwortlich. Wurde bei dieser neuartigen Messe doch endlich kreativen Köpfen eine Plattform geboten, die dann auch auf reges Interesse stieß. Außerdem machte er, einen Nachweis kann hierüber aber niemand mehr führen, scheinbar das Intimpiercing bei Männern salon-, aber trotz seines Standes nicht hoffähig. Zumindest wird diese Art des Körperschmucks »Prinz Albert« genannt.

Auch der Brauch des Aufstellens eines Weihnachtsbaums in Großbritannien geht auf ihn zurück. Er legte anno 1848 besonders darauf Wert, dass die königliche Familie in allen Zeitungen des Königreichs vor einem Weihnachtsbaum, damals typisch deutsch, abgedruckt wurde. Viele taten es ihm in den Folgejahren nach.

In seiner Heimatstadt wurde er auf dem Coburger Marktplatz mit einer Statue in dreifacher Lebensgröße verewigt. Queen Victoria selbst gab den Auftrag dazu, stiftete die Figur und besuchte die feierliche Einweihung 1865. Die Bürgerschaft zahlte den Sockel und Alberts Bruder Ernst II. das einstige Gitter um das Denkmal herum. Identische Skulpturen stehen in Sydney und im britischen Grimsby.

Queen Elisabeth II. ist seine Urenkelin, und auch deren Gemahl Prinz Philip kann zu seinen Urenkeln gezählt werden. Es bleibt also alles in der Familie. So wie er einst seine Cousine Victoria ehelichte. Diese Ehe war zwar arrangiert, mit den Jahren verband ihn mit der Königin aber eine tiefe Zuneigung. Nach seinem Ableben im Jahr 1861 blieb eine tief erschütterte Victoria zurück. Denn er war eben nicht nur Gemahl, sondern auch Freund und Berater der mächtigsten Frau der Welt.

Adresse Marktplatz, 96450 Coburg | ÖPNV alle Stadtbuslinien, Haltestelle Theaterplatz | Tipp Das Coburger Naturkundemuseum wurde von Prinz Albert mitgegründet. Beeindruckend dort ist die letzte erhaltene Märbelmühle im thüringisch-fränkischen Raum. In dieser wurden Murmeln, meist für militärische Zwecke, hergestellt.

36 Die Puppe Lilli

Barbies Mama stammt aus dem Coburger Land

Im Puppenmuseum in Coburg ist die Puppe Lilli ein echter Hingucker. Berühmtheit erlangte die fesche Blondine Ende der 1950er Jahre. Ruth Handler, Gründerin der Spielwarenfirma Mattel, nahm auf einer Urlaubsreise durch Europa eine dieser Puppen mit und schenkte sie ihrer Tochter Barbara. Nahezu unverändert übernahm das amerikanische Unternehmen das deutsche Fräulein und machte aus ihr einen Kassenschlager. Die heutige »Barbie« war geboren.

Dabei war Barbies Mama eigentlich gar nicht für Kinder gedacht. Sondern als Mitbringsel für Erwachsene, wenn man auf eine Party eingeladen war. Ihre Premiere feierte Lilli 1952 in der allerersten Bild-Zeitung. Die kleinen Comicstrips über die betont emanzipierte deutsche Nachkriegsfrau waren sehr beliebt, sodass die Redaktion ein Ebenbild aus Stoff in Auftrag gab. Die Firma Hausser aus Neustadt bei Coburg sicherte sich die Rechte und produzierte über einige Jahre hinweg insgesamt 130.000 Stück. Heute sind die Übriggebliebenen echte Raritäten und besitzen einen hohen Liebhaberwert.

Stellt sich nur die Frage, ob Barbie sich ihrer deutschen, ja eigentlich sogar ihrer fränkischen Wurzeln noch bewusst ist.

Ein Besuch des Museums lohnt aber nicht nur ihretwegen. Die größte Teepuppensammlung Europas wird gleich neben der Ur-Barbie klassisch in Szene gesetzt und zeugt von der unheimlichen Sammlerleidenschaft des Ehepaares Lossnitzer, das als Gründer des Museums seine Sammlung 1987 der Öffentlichkeit zugänglich machte. Auch sonst gibt es auf zwei Etagen vieles zu entdecken. Einzelne Stationen fordern die Besucher gar dazu auf, aktiv zu werden. Da darf posiert, fotografiert, gerochen und getastet werden. Eine Modelleisenbahn und einige Puppenautomaten sind zwar noch funktionstüchtig, des Verschleißes wegen sind die Exponate aber nur noch auf Bildschirmen »in Aktion« zu sehen, deshalb aber nicht weniger beeindruckend.

Adresse Rückertstraße 2, 96450 Coburg, www.coburger-puppenmuseum.de | **ÖPNV** alle Stadtbuslinien, Haltestelle Theaterplatz, durch die Grafengasse in die Rückertstraße | **Öffnungszeiten** April–Okt. täglich 11–16 Uhr; Nov.–März Di–So 11–16 Uhr | **Tipp** Ein waschechter Puppendoktor praktiziert regelmäßig im Museum. Seine Praxis befindet sich in Neustadt. www.puppendoktor-packert.de

37_Queen Victorias WC

Da muss man … mal gewesen sein!

Das stille Örtchen ist ja eigentlich zur Befreiung da, zum Innehalten, und selten wird über das »Klo« geredet. Worüber sollte man auch debattieren?

Die Coburger und Bad Homburger denken da ein bisschen anders. Beide wollen einen Superlativ für sich beanspruchen.

Im Schloss Ehrenburg befand sich nach Coburger Ausdrucksweise »die älteste Toilette mit Wasserspülung auf dem europäischen Festland«, das britische Königreich somit ausgenommen. Ein mit Mahagoni verkleideter Import aus England wurde 1860 im Gemach von Queen Victoria installiert.

Bad Homburg vor der Höhe, im Taunus gelegen, ließ das aber nicht auf sich sitzen. Nein, das älteste Wasserklosett wurde dort verbaut, schallte es durch die Presse. Und zwar bereits 1820. Auch hier begründet sich dies durch verwandtschaftliche Bande. Hier heiratete die Tochter eines englischen Königs einen deutschen Grafen und wollte auf den aus England gewohnten Luxus nicht verzichten. Die große Frage war nun, wie sich eine solche Angelegenheit unter Gentlemen lösen lässt. Einen Nachweis können die hessischen Schlossverwalter nämlich gar nicht mehr führen, ist deren Abort doch diversen Umbauten zum Opfer gefallen.

Nun war die Pfiffigkeit der Oberfranken gefragt. Die Coburger haben ihren Slogan einfach in »die älteste *noch vorhandene* Toilette mit Wasserspülung auf dem europäischen Festland« geändert, und schon war der Zwist beigelegt. Denn da können die »Widersacher« nun nicht mehr mithalten. Ende gut, alles gut. Die berühmte Toilette kann im Rahmen einer Führung besichtigt werden. Bereits das Treppenhaus beeindruckt mit einigen Statuen und der gewölbten Kassettendecke. Weitere Höhepunkte des einstündigen Rundgangs durch die Ehrenburg, die vor dem Umbau im neugotischen Stil zu den bedeutendsten Renaissance-Bauwerken nördlich der Alpen zählte, sind der Riesensaal und die prunkvolle Schlosskirche.

Adresse Schlossplatz 1, 96450 Coburg, www.schloesser-coburg.de, Tel. 09561/80880 | **ÖPNV** alle Stadtbuslinien, Haltestelle Theaterplatz | **Anfahrt** B 4 Abfahrt Frankenbrücke, Beschilderung Richtung Schlossplatz folgen | **Öffnungszeiten** Mo geschlossen, Di – So April bis 3. Okt. 9 – 18 Uhr, sonst 10 – 16 Uhr | **Tipp** Die alten Grundmauern des ehemals an die Ehrenburg angrenzenden Baus, einer Benediktinerpropstei, können im Grabungsmuseum besichtigt werden.

38 Der Rathauserker

Zweistöckiger »Spion« der Obrigkeit

Man nehme ein schickes historisches Gebäude und baue an die Hausecke einen Erker. Auffällige Merkmale: eine tragende Dreiviertelsäule, eine glockenförmige Haube und, ganz wichtig, eine zweistöckige Konstruktion. Nicht zu vergessen: Man schreibe das Jahr 1575. Voilà: Fertig ist eine Besonderheit, die man tatsächlich nur in Coburg findet und die daher auch nach der Stadt benannt ist. Vier der polygonalen Erker sind am Marktplatz zu bewundern, der fünfte und letzte nur wenige Meter entfernt an der Südwestecke der Ehrenburg. Jeder ein Unikat für sich. Beliebt waren Erker seit jeher, um das gemeine Volk ohne großen Aufwand zu beobachten und Zusammenrottungen erkennen zu können.

Die Erker an der Ehrenburg und an der Ecke Marktplatz / Judengasse kommen eher schlicht, aber erhaben und elegant daher. Die beiden Erker am Stadthaus geben dem adeligen Bau gemeinsam mit den auffälligen Zwerchhäusern ein unverkennbares Äußeres. Unzählige Wappen dokumentieren die politische Macht der Herzöge, die mit diesem »Kanzleigebäude« das Rathaus an Größe, Pracht und Eleganz übertrumpfen wollten. Das ist ihnen auch gelungen. 1:0 für den Adel gegen die Bürgervertreter.

Der Rathauserker ist der schönste und edelste von allen, zeigt er doch eine besondere Detailvielfalt. Der Baumeister Hans Schlachter hat sich hier selbst verewigt. In seiner linken Hand hält der Steinmetz einen barocken Schild mit dem Zeichen seines Berufsstandes und den eigenen Initialen. Er kniet zu Füßen des heiligen Mauritius, wobei es eher so wirkt, als ob er den Stadtpatron auf seinem Kopf balanciert.

Der Wettiner Löwe schmückt den Schild des Schutzheiligen und ist gemeinsam mit ihm als Schlussstein zu sehen. Auch die kleinen Flachreliefs unter den Fenstern verzücken. Könnte Prinz Albert (siehe Ort 35) sein Haupt wenden, er hätte einen einzigartigen Ausblick. Die Coburger Erker haben einen großen Anteil daran.

Adresse Rathaus, Marktplatz 1, 96450 Coburg | ÖPNV alle Stadtbuslinien, Haltestelle Theaterplatz | Tipp Als Fotomotiv sind die Erker am zweiten Juli-Wochenende besonders reizvoll, wenn das größte Sambafestival außerhalb Brasiliens stattfindet. Das südländische Flair harmoniert phantastisch mit der historischen Kulisse.

39 Die Ritterfigur

Krieger haben kurze Beine?

Etwas versteckt steht die Ritterstatue in einem Durchgang hinter dem Rathaus, durch Glas geschützt vor weiterer Verwitterung.

Der Lauf der Zeit ist nicht spurlos an ihr vorübergegangen. Mehrere Brüder stehen noch im Stadtgebiet, aber nur dieser hier ist immer frei zugänglich. Gemeinsam standen sie einige Jahrhunderte lang auf dem Stadthaus, dem ehemaligen Kanzleigebäude am Markt.

Diese »Canzley« entstand in nur wenigen Jahren um 1600. Dabei sah sich der Bildhauer Bergner mit einer bis dahin beispiellosen Herausforderung konfrontiert. Herzog Johann Casimir wollte anscheinend mit den Kriegerbildnissen, aus heutiger Sicht doch arg verklärend, seine eigenen Vorfahren dargestellt wissen. Andere Quellen bezeichnen die Figuren als römische Krieger, da sich Casimir für einen legitimen Nachfolger hielt. Der Clou war ihre Gestalt. Alle Ritter sollten symmetrisch und in normalen Proportionen erscheinen, trotz der extremen Untersicht aller, die vom Marktplatz aus an dem hohen Gebäude nach oben blickten. Auch für Bergner als Spezialist auf seinem Gebiet war dieser Wunsch kein Pappenstiel. Der Oberkörper besitzt daher der Perspektive wegen eine extreme Länge. Einige Versuche wird der Künstler auf jeden Fall gebraucht haben, bis er die Giebel guten Gewissens mit den beeindruckenden Standbildern bestücken konnte.

Ihre beste Zeit hatten die Figuren im 20. Jahrhundert hinter sich. Die Amerikaner sollen nach ihrem Einzug in die Stadt 1945 gar Schießübungen auf sie vollführt haben. Ein bitteres Ende drohte. Einige Jahre verschwanden sie vollkommen von der Bildfläche, eingelagert in einen Gewölbekeller der Veste. Witterungsbeständigere Kopien nahmen ihren Platz ein. Schön, dass es gelungen ist, die erhaltenen, zwischenzeitlich restaurierten Statuen der Öffentlichkeit wieder zugänglich zu machen. Nur der Ausblick ist für die Ritter nicht mehr so spektakulär wie früher.

Adresse Ketschengasse, 96450 Coburg | ÖPNV alle Stadtbuslinien, Haltestelle Theaterplatz, über den Marktplatz in die Ketschengasse | Tipp Gegenüber befindet sich mit dem Münzmeisterhaus eines der ältesten Fachwerkhäuser Deutschlands.

40 Das Rückert-Haus

Mein lieber Freund und Kupferstecher

Den Goldbergsee kennt fast jeder. Doch nur wenige wagen es, das Naherholungsgebiet mit seinen Vogelschutzauen und weitläufigen Spazierwegen zu verlassen und sich »nach oben« auf den Goldberg zu begeben. Doch nur keine Scheu!

Dort lebte einst Friedrich Rückert. Das Haus des Dichters auf der Anhöhe war sein Rückzugsort, seine Wirkungsstätte, sein Kreativzentrum. Er war ein Denker und Poet, nicht der berühmteste, aber einer mit Leib und Seele. Seine Werke waren verstörend, rührend, verrückt und genial. Als Mitbegründer der deutschen Orientalistik übersetzte er Teile des Korans ins Deutsche. Ein Sprachgenie, immerhin 44 verschiedener Vokabularien mächtig, war er obendrein. Er schaffte es, nicht nur zu übersetzen. Rückert beherrschte die hohe Kunst, die Sätze lebendig zu übertragen.

Seinen besten Kameraden, den Zeichner Carl Barth, der ganz in der Nähe in Eisfeld zur Welt kam, lernte er über 1.000 Kilometer entfernt in Rom kennen und schätzen. Die Briefe an seinen Vertrauten begannen häufig mit dem Zitat »Mein lieber Freund und Kupferstecher«. Die beiden waren gute Freunde, sodass Rückert auf keinen Fall als Urheber des Misstrauens gilt, das mittlerweile in dieser Redewendung mitschwingt. Fest steht, dass dieser Ausspruch in jenen Briefen erstmalig auftaucht.

Als Altersruhesitz wählte der Literat, der aus Schweinfurt stammte und nach vielen Reisen und Aufenthalten erst hier vor den Toren Coburgs sesshaft wurde, ein Haus neben der Kirche in Neuses. Sein einstiger Garten ist heute der Rückert-Park, eine Statue aus Carrara-Marmor ziert erhaben die Grünfläche.

Interessanter Fakt: Sein Ururgroßvater war der hochfürstliche Pfarrer Wolfgang Christoph Weigand aus Burgpreppach. Dieser war, nur zwei weitere Generationen zurück, auch ein Vorfahre des Gurken-Alex (siehe Ort 23). Unterschiedlicher hätten die Werdegänge der Nachfahren wohl kaum verlaufen können.

Adresse Goldberg, 96450 Coburg-Neuses | Anfahrt B 4 Ausfahrt Rodacher Straße, Richtung Bad Rodach, vor Beiersdorf rechts auf den Parkplatz am Goldbergsee | Tipp In der Gymnasiumsgasse lebte Johann Paul Friederich Richter zwei Jahre und nutzte seinen Aufenthalt in Coburg, um am Adamiberg einige Werke niederzuschreiben. Besser bekannt wurde dieser Schriftsteller unter dem Namen Jean Paul.

41 Der Salvatorfriedhof

Ein Dreier zwischen Grabsteinen

Der Ausspruch »etwas fristet ein Schattendasein« passt hier aus zweierlei Gründen. Im Sommer bei großer Hitze lädt das dichte Blattwerk dazu ein, bei angenehm frischen Temperaturen seine Picknickdecke auszubreiten oder einfach zwischen den Grabsteinreihen, die sich schon arg gelichtet haben, hindurchzuflanieren. Doch dazu muss man diese Ruhestätte erst einmal finden. Der schmucke Torbogen mit prächtiger Christusfigur aus dem frühen 17. Jahrhundert als Haupteingang ist alles andere als unscheinbar, in einer Seitengasse der Ketschenvorstadt aber gut versteckt.

Ein Predigthäuslein und der Friedhof entstanden Ende des 15. Jahrhunderts, als die um die Hauptkirche St. Moriz gelegenen Flächen für Gräber nicht mehr ausreichten. Die Salvatorkirche wurde 1662 fertiggestellt und diente der wachsenden Bevölkerung Coburgs als zusätzliche Andachtsstätte. Erst im Laufe des 19. Jahrhunderts gab es für die Verstorbenen wieder Platzbedarf. 1847 entstand daher am Glockenberg durch die Erschließung einiger Obstwiesen der noch heute genutzte trapezförmig angelegte Zentralfriedhof.

Im »Salvator« findet man meist ein bisschen Ruhe und kann seinen Gedanken nachhängen, sogar ganz offiziell, da dieser Gottesacker zur Parkanlage umgewidmet wurde.

Aber: Vorsicht! Mit der Stille kann es sehr schnell vorbei sein. Die Kenntnis der Pausenzeiten des direkt angrenzenden Gymnasiums Albertinum ist von großem Vorteil. Der Friedhof dient heute auch als Pausenhof dieser Schule, da es nur wenig Platz innerhalb der trutzigen Stadtmauern gibt.

Daher stehen seit einigen Jahren auf der freien Fläche vor der Salvatorkirche zwei Basketballkörbe. So erklärt sich nun endlich auch der Titel dieses Kapitels, zumindest dem geneigten Ballsportfan. Allen anderen wird geraten, den Dreier beim Basketball einfach einmal nachzuschlagen. Und die Überschrift nicht etwa am Ende noch falsch zu verstehen.

Adresse Obere Salvatorgasse, 96450 Coburg | ÖPNV Stadtbuslinien 2, 3 und 4, Haltestelle Landgericht, Stadtbuslinien 1, 1A und 6, Haltestelle Kongresshaus | Anfahrt B 4 Abfahrt Frankenbrücke, am Kongresshaus links und durch das Ketschentor hindurch | Tipp In der Nähe ist der Albertsplatz das Pendant zum Salvatorfriedhof, wenn einem gerade am Wochenende das Sehen und Gesehenwerden lieber ist als die Abgeschiedenheit zwischen den Begräbnisstätten.

42 Die St.-Nikolaus-Kapelle

Ein abwechslungsreicher Lebenslauf

Flexibilität ist Trumpf! Dass solch ein Satz über einem Gotteshaus steht, ist wohl eher untypisch, steht Religion an sich ja eher für das Konservative und Beständige.

Die St.-Nikolaus-Kapelle südlich vom vornehmen Rosengarten wurde Mitte des 15. Jahrhunderts neben einem Siechenhaus und daher außerhalb der Stadtmauern erbaut und erlebte einige Jahrzehnte katholische Gottesdienste hautnah mit. Mit der Reformation änderte sich die Nutzung, und die Protestanten feierten ab 1529 in diesen Gemäuern ihre Andacht. So weit ganz normal. Interessant wird es aber Anfang des 19. Jahrhunderts. Evangelische Kirchen gab es mittlerweile in Hülle und Fülle. Nur keine katholische. Doch wieder mehr und mehr Papstanhänger. Die Stadt als Eigentümerin wies daher die St.-Nikolaus-Kapelle nun wieder den Katholiken zu.

Mit der Fertigstellung der neuen großen Hauptkirche St. Augustin 1860 bestand kein Bedarf mehr für die Kapelle, die einige Jahre ungenutzt blieb und ab 1873 als Gebetshaus der Israeliten eine neue Bestimmung fand. 1932 war dies die deutschlandweit zweite Synagoge, die dem Naziregime ein Dorn im Auge war. Die erste wurde 1928 im nahe gelegenen Autenhausen zwangsweise geschlossen. Der Fenstersturz der dortigen Synagoge ist noch heute hier in Coburg zu sehen.

Religion war während des Dritten Reiches bekanntermaßen verpönt. Erst 1945 feierte hier die evangelisch-baptistische Freikirche wieder einen Gottesdienst. 1962 zogen dann die »Altkatholiken« ein. Fünf verschiedene Glaubensrichtungen, eine stattliche Zahl für die kleine Kapelle.

Doch nicht nur die Religionen hinterließen ihre Spuren. Das Innere ist gleichfalls bunt zusammengewürfelt. Fresken aus der Entstehungszeit sind zu sehen, ein Altar aus der Barockzeit, der Taufstein wiederum aus der Renaissance. Vielleicht trifft es der Begriff »Patchwork-Kirche« am besten. Von allem etwas und gerade daher besonders individuell.

Adresse Ketschendorfer Straße, 96450 Coburg | ÖPNV Stadtbuslinie 1A Richtung Hasenstein oder 6 Richtung Neue Heimat, Haltestelle Marienberg | Anfahrt B 4 Abfahrt Frankenbrücke, am Kongresshaus rechts in die Ketschendorfer Straße | Tipp An der Rodacher Straße, Abzweig Spittelleite befindet sich mit dem Simonschen Friedhof ein kleiner, kaum bekannter jüdischer Friedhof.

43 Die Strauß-Gedenktafel

Von Wien nach Coburg und zurück

Als 1866 das Musikstück »An der schönen Donau« entstand, ahnte der Komponist nicht, dass er soeben ein Meisterwerk erschaffen hatte. Später wurde dieses Stück immerhin die inoffizielle Hymne Österreichs. Genauso wenig war Johann Strauß' Sohn zu diesem Zeitpunkt klar, dass er rund drei Jahrzehnte später als Coburger Staatsbürger in Wien beerdigt werden würde. Wie es dazu kam?

1882 verließ seine zweite Frau den bekannten Freigeist für einen anderen. Der gehörnte Ehemann konnte sich aber nicht scheiden lassen. Dies ließ das erzkatholische Kirchenrecht in Österreich nicht zu. Für seine neue Liebe, die er unbedingt heiraten wollte, gab er fast alles auf: Beide traten zum evangelischen Glauben über, ließen sich in Coburg einbürgern und waren somit de facto Deutsche. Damit gab Strauß sogar sein verbrieftes Wohnrecht in der österreichischen Hauptstadt auf.

Die vorherige Ehe konnte nun von Herzog Ernst II., einem Verehrer der Strauß'schen Musik, annulliert werden. Nach der kirchlichen Trauung in der Schlosskirche der Ehrenburg hielten sich die Frischvermählten nur noch kurze Zeit in Coburg auf und verließen das Herzogtum dann wieder Richtung Wien. Für immer. Denn sein Geburtsland drückte beide Augen zu und nahm den abtrünnigen »Walzerkönig« wieder auf. 1899 verstarb er dort. Als Coburger.

Seine Witwe Adele, eine sehr geschäftstüchtige Frau, setzte sich nach seinem Ableben vehement für eine Verlängerung der Urheberrechte nach dem Tod des Verfassers ein. Das Ganze aber nur mit mäßigem Erfolg: Aus 30 wurden 32 Jahre. Schon damals gab es also eine Art GEMA.

Im Foyer des Rathauses fällt eine Gedenktafel ins Auge. Diese erinnert an die Eheschließung des Musikers. Im Rosengarten wird mit zwei ausführlich beschrifteten Tafeln auf einem Stein seiner gedacht. Gleich nebenan in der Alexandrinenstraße residierte Strauß während seines Aufenthalts in Coburg.

Adresse Rosengarten an der Ketschendorfer Straße, 96450 Coburg | ÖPNV Stadtbuslinien 1, 1A und 6, Haltestelle Kongresshaus | Anfahrt B 4 Abfahrt Frankenbrücke, am Kongresshaus rechts in die Ketschendorfer Straße | Tipp Kein Wunder, dass das Classic Open Air jedes Jahr im Rosengarten stattfindet. Sonst kann man hier durch Laubengänge und an Volieren vorbeiflanieren oder das Palmenhaus besuchen. Der auffällige Sintflutbrunnen stand bis 1962 noch zentral in der Parkanlage.

44 Die Taubenschläge

Survivaltraining für gefiederte Bewohner

Noch in den 1990er Jahren spielten sich auf dem Coburger Marktplatz ungeheuerliche Szenen ab: Mit Schusswaffen ging ein städtischer Mitarbeiter auf die Jagd. Nicht immer erfolgreich. Seine Opfer verendeten oft erst nach einigen Tagen und lagen bis dahin schwer verletzt auf den Dachziegeln oder in den Rinnen. Anwohner, die von der Taubenplage selbst schon nicht begeistert waren, riefen beim Ordnungsamt an und beklagten sich über die Schreie der sterbenden Tiere und die Kadaver an kaum zugänglichen Stellen. Von den erschütterten Tierschützern ganz zu schweigen.

Der Überbevölkerung durch das Federvieh sollte von da an eher wissenschaftlich begegnet werden. Viel Input aus anderen Städten führte zu einem Masterplan, um die historischen Gebäude, die genervten Anlieger und die schick gekleideten Passanten von ihrer Pein zu befreien. Generiert doch jede Taube im Jahr 10 Kilogramm an Fäkalien.

Mit der Verknappung des Nistplatzangebots ging es los. Der Bitte an die Hausbesitzer, ihre Dachstühle genau zu überprüfen und Drähte und Netze an den wesentlichen Stellen anzubringen, kamen diese aus reinem Eigennutz gern nach. Drei Taubenschläge, die sich im Stadthaus, im Turm des Judentors und am Gemüsemarkt befinden, wurden zur neuen Heimat der Vögel. In den eigens hierfür angelegten Räumlichkeiten werden die befruchteten Eier geschüttelt und damit gezielt unbrauchbar gemacht. Die Einrichtung einer begrenzten Anzahl von Futterstellen sorgt neben einem Bußgeld für taubenfütternde Zivilisten für eine effektive Eindämmung der Nahrungsaufnahme und brachte schnellen zählbaren Erfolg. Denn die Tauben selbst leiden am meisten unter der hohen Populationsdichte. Die städtischen Taubenschläge können bei Interesse auch besichtigt werden. Heutzutage ist Coburg für viele andere Städte das Vorbild auf diesem Gebiet. Denn die Tauben gehören ja irgendwie dazu. Aber in Maßen, nicht in Massen.

Adresse Marktplatz, 96450 Coburg, www.coburg.de/ordnungsamt, Tel. 09561/891322 | **ÖPNV** alle Stadtbuslinien, Haltestelle Theaterplatz | **Öffnungszeiten** Ein Termin zur Begehung der Taubenschläge kann mit dem Coburger Ordnungsamt vereinbart werden. | **Tipp** Ein Denkmal mit einer Taube befindet sich in der Rodacher Straße vor dem Anwesen mit der Nummer 11, in Auftrag gegeben von Max Brückner (siehe Ort 20).

45_Die Wettersäule

Neugotik in Miniatur

Wer die Innenstadt von Coburg besucht, kommt unweigerlich auch an zahlreichen neugotischen Bauten vorbei.

Dieser Retro-Stil repräsentierte im 19. Jahrhundert die Sehnsucht nach dem Mittelalter und den damals so intensiv gehegten Wunsch, vergangene Zeiten wieder aufleben zu lassen.

Coburg kann hierbei mit großem Stolz von sich behaupten, eines der schönsten Häuserensembles aus dieser Stilepoche zu besitzen. Die Innenstadt wird von einem Gebäudegürtel umschlossen, der in ganz Europa auf die Stadtgröße bezogen seinesgleichen sucht. Da erblassen gar die Briten vor Neid (wenn sie es nicht schon längst getan haben…).

Bei der Planung und Gestaltung griffen die Architekten auf die Bauweisen der vorherigen zwei Jahrtausende, zumeist auf die Gotik, zurück. Daher auch der Name.

Die Bauten in Coburg unterstreichen die engen Verbindungen zum englischen Königshaus. Die Neugotik ist noch heute im Stadtbild prägend und gilt in Architekturkreisen als besonderes Anschauungsobjekt.

Der neugotische Bebauungsring lässt sich auf einem Spaziergang zu Fuß erkunden. Die Gebäude wurden an einigen Stellen auf den Fundamenten der alten Stadtmauer errichtet und liegen in einer beschaulichen Umgebung, da hier an der Stelle des früheren Stadtgrabens großzügige Grünanlagen oder breite, offene Straßen und Plätze geschaffen wurden. Beliebtestes Fotomotiv ist die alte Bonbonfabrik am Albertsplatz.

Besonders pittoresk ist die im Jahr 1882 erbaute sandsteinerne Wettersäule in der Grafengasse. Nach mehrfacher Restaurierung ein kleines, aber feines Anschauungsobjekt am Rande des eindrucksvollen Schlossplatzes. Eine olympische Gottheit gibt es inklusive: Der goldene Poseidon hängt mit seinem Dreizack etwas windschief oben am Fahnenmast. Was der Gott des Meeres hier zu suchen hat? Hephaistos, der Gott der Architektur, hätte wohl besser gepasst. Zumindest zu diesem Kapitel.

Adresse Schlossplatz, 96450 Coburg | **ÖPNV** alle Stadtbuslinien, Haltestelle Theaterplatz | **Tipp** Das kleine Herzogtum hatte einige Jahre sogar einen amerikanischen Diplomaten vor Ort. Die alte Botschaft findet man im Gebäude Ernstplatz 2.

46 Der Zwergenharnisch

Gebt mir acht auf den Hofnarren!

Die Kunstsammlungen der Veste Coburg besitzen das weltweit einzige Exemplar einer für einen Zwerg geschlagenen Rüstung. Um 1600 ließ Herzog Johann Casimir diese für seinen getreuen Hofnarren namens Ruppert anfertigen, weil er wohl besonderen Wert auf den kleinwüchsigen Untertanen legte. Ob der Dreiviertelharnisch, vollständig mit Helm, Kragen, Brust, Rücken, Schoß und Arm- und Beinschutz erhalten, auch getragen wurde, bleibt zwar unklar. Einen Kostümcharakter hatte die Anfertigung aber definitiv nicht. Denn für reine Dekorationszwecke war die Rüstung mit 16,5 Kilogramm viel zu schwer, außerdem zu unbequem und sicherlich auch zu teuer.

Auf der Suche nach weiteren Superlativen? In der Rüstkammer kann eine Fallgranate bestaunt werden. Von den fünf noch existierenden Exponaten sind vier hier in Coburg zu finden. Die Räume mit den Prunkwagen beherbergen die ältesten fahrbereiten Kutschen der Welt, die Glassammlung mit ihren kostbaren Einzelstücken gehört zu den bedeutendsten Beständen ihrer Art weltweit, und das Kupferstichkabinett zählt zu den wichtigsten internationalen grafischen Sammlungen. Auch die Gemälde, die hier ausgestellt werden, müssen keinen Vergleich scheuen. Und das Orgelgeschütz, ein großes Salvengewehr, ist ebenfalls global ein Unikat. Die historischen Räume wie die große Hofstube, die noch vor der Reformation im Jahre 1504 fertiggestellt wurde, und das Jagdintarsienzimmer von 1632 überzeugen mit ihrer Detailverliebtheit. Wer sich gern an den Qualen anderer ergötzt, kommt in der »Folterkammer« mit mittelalterlichen Daumenschrauben, Schandmasken und einem sicherlich einstmals nicht unbenutzten Richtbeil auf seine Kosten.

Mit dem Besuch der Kunstsammlungen schlägt man außerdem zwei Fliegen mit einer Klappe: Nahezu alle Ausstellungsräume waren früher Wohnräume der Coburger Herzöge und bieten den Exponaten einen würdigen Rahmen.

Adresse Veste Coburg, 96450 Coburg, Tel. 09561/8790 | **ÖPNV** Stadtbuslinie 5 bis Endstation Veste | **Anfahrt** von der Innenstadt aus der Beschilderung folgen, den Festungsberg hinauf | **Öffnungszeiten** unter www.kunstsammlungen-coburg.de | **Tipp** Das Gymnasium Casimirianum mit dem Herzog als Gründer ist eine der ältesten hohen Schulen in Deutschland. Der Vater von Johann Wolfgang von Goethe zählte zu den Zöglingen dieser Lehranstalt.

47 Der Grauturm

Hier schlägt der Tod die Stunde

Ebern selbst bezeichnet sich als »Kegelspiel«, da einst insgesamt neun Türme die Silhouette der Stadt prägten. Im 19. Jahrhundert wurde das Erscheinungsbild um drei »Kegel« dezimiert.

Der Grauturm steht aber noch und ist mit seiner beeindruckenden Höhe einer der größten Tortürme Bayerns. An den beiden »kurzen Beinen« des langen Lulatschs kommt jeder vorbei, der die historische Innenstadt des unterfränkischen Städtchens erkundet.

Der ursprüngliche Turm steht wohl bereits seit etwa 1350, nachdem Ebern das Stadtrecht verliehen worden war. 1584 war die Turmspitze baufällig und wurde durch einen neuen, höheren Aufbau ersetzt. Die beiden unterschiedlichen Bauabschnitte sind noch heute sehr gut zu sehen. Der Türmer erhielt in diesem Zusammenhang eine Wach- und Schlafstube und hatte hier oben den besten Blick, um im Fall eines Brandes oder beim Eintreffen des Feindes Alarm zu schlagen.

1945 starb ein amerikanischer Soldat bei einem Unfall im einspurigen Durchlass des Tores. Die GIs drohten mit der Zerstörung des Eberner Wahrzeichens. Die Bürger kamen dem aber zuvor und rissen lieber das angrenzende Haus ab, um die geforderte zweite Fahrspur zu erhalten und eine Sprengung im Stadtgebiet zu verhindern. Der Giebelabdruck des geopferten Gebäudes ist noch immer zu sehen.

Die Glocken hoch oben im Turm geben viertelstündlich Laut und sind eine weitere Besonderheit, die aber nicht zu sehen, sondern nur zu hören ist. Zu jeder Viertelstunde schlägt ein Engel mit einem Hammer in der linken Hand auf die Glocke ein. Dem Tod ist es vorbehalten, die Stunden zu zählen und zu schlagen. Nur um Mitternacht, also um null Uhr, hat das Skelett eine Pause. Seine freie Hand hält seltsamerweise einen Pfeil, dabei wäre die Sense sicherlich stimmiger gewesen. Da die Figuren aus den Anfängen des 18. Jahrhunderts stammen, gab es damals aber vielleicht einfach noch andere Assoziationen.

Adresse Marktplatz, 96106 Ebern | Anfahrt B 4 Richtung Bamberg bis Untermerzbach, dort der Hauptstraße Richtung Ebern folgen | Öffnungszeiten Eine Besichtigung der Türmerstube kann in der Tourist-Info oder im Heimatmuseum, in dem man auch Engel und Tod auf Bildern bestaunen kann, erfragt werden. | Tipp Am Grauturm beginnt die Hirtengasse mit einigen besonders schönen Kellerhäuschen im Fachwerkstil.

48 Am Ebnether Felsensteig

Verwunschene Felsen und romantischer Wasserfall

Ebneth liegt auf einer Hochebene im Rücken von Burgkunstadt. Westlich des Dorfes wurden bereits Ende des 18. Jahrhunderts zahlreiche Keller in eine gewaltige Felsformation getrieben. Das Bier blieb hier im Sommer schön »zapfig«, und auch die Kartoffeln trieben nicht aus. Nahezu unersetzbar zur damaligen Zeit, diese natürliche Kühlanlage. Der Hangwald mit seinen Sandsteinfelsen bot sich perfekt dafür an. Enge Schluchten wechseln sich mit bewachsenen Felsen, kleinen Anhöhen, großflächigem Moosbewuchs und einer Vielzahl von standhaften Buchen und Kiefern ab. Am tiefsten Punkt des Felsenlabyrinths befindet sich ein »steinernes Fenster«, eine Vertiefung in einem Felsen unter einem riesigen verkeilten Schichtstein.

Wer dem acht Kilometer langen Rundwanderweg 4 folgt, dringt tiefer in den dichten Wald ein und lässt die Felsenkeller schnell hinter sich. Im großen Bogen läuft man gen Norden und dann Richtung Osten, überquert die Kreisstraße nach Oberlangenstadt und trifft, nachdem die breiten Wege enden und nur noch ein Trampelpfad durchs Gebüsch führt, auf einen Holzsteg. Von dort führt ein kleiner Abstecher zum Pfersag-Wasserfall im Teufelsgraben. Der kleine Bachlauf wird vom Nassbrunnen gespeist und wirkt zu Beginn ob seines gemächlichen Fließtempos ruhig und entspannt. Nur um sich einen Moment später über einige Sandsteinfelsen hinab rund drei Meter in unwegsameres Gelände hinunterzustürzen. Das nun etwas lautere, schwungvollere Plätschern des Flüsschens, das sich hier durch Steine, morsche Äste und altes Wurzelwerk hindurchwindet, wird vom unregelmäßigeren Prasseln des Wasserfalls noch eine ganze Weile flussabwärts übertönt. Bei Sonnenschein warten die Schatten des Blattwerks gemeinsam mit dem Gewässer mit einem beispiellosen Farbenspiel auf, das zu jeder Jahreszeit sehenswert ist. Ein weiterer verwunschener Ort, wie er nun tatsächlich im Buche steht.

Adresse 96224 Burgkunstadt-Ebneth | Anfahrt B 289 bis Burgkunstadt, LIF 23 nach Ebneth, der Wanderparkplatz am Felsenlabyrinth ist am Ortsende nach links ausgeschildert | Tipp Der jüdische Friedhof von Burgkunstadt südlich von Ebneth gilt als einer der größten jüdischen Landfriedhöfe Bayerns. Der älteste Gedenkstein im ummauerten Gräberfeld datiert von 1623.

49 Der alte Wachturm

»Halt, stehen bleiben! Grenze!«

Heute ist es nicht mehr als ein kaum wahrnehmbares Holpern. Der Autofahrer auf der alten B 4 nimmt den schmalen Pflasterstreifen wohl gar nicht mehr wahr, über den er da hinwegfährt. Die Grenze zwischen Bayern und Thüringen war früher die Trennlinie zwischen verschiedenen Ideologien und Weltbildern. Doch nicht unbedingt bei den Bürgern. Eher bei der Regierung. Zeiten kommen, Zeiten gehen. Der alte Wachturm aber blieb stehen.

Ein Investor lag damit richtig, dass es wohl keine geeignetere Stelle für ein Grenzmuseum geben kann als hier, am einstigen Siedepunkt des Kalten Krieges. Wortspiel oder Widerspruch in sich?

Zum 25-jährigen Jubiläum der Grenzöffnung öffnete die Ausstellung ihre Pforten. Viel Leid und auch ein wenig Freud liegen hier nahe beieinander. Die Etagen unterscheiden sich in der jeweiligen Thematik. Oben mit Blick auf die breite Straße, an der einst die Grenzer der DDR die Fahrzeuge nach Lust und Laune entweder passieren ließen oder die Insassen schikanierten, wird der alte Grenzstreifen gezeigt und von der Geschichte des Grenzturms erzählt. Im ersten Stock gibt's ein bisschen »(N)Ostalgie«. Ein multimediales Quiz überrascht mit Informationen zum Alltag in der DDR. Eine Antwort kann vorab verraten werden: Die Todesstrafe wurde erst 1987 abgeschafft.

Im Erdgeschoss kommen alle Freunde des bewegten Bildes auf ihre Kosten. Die kleinen Zwischenstationen im Treppenhaus geben Antworten auf zahlreiche Fragen und zeigen Bilder aus der Zeit des Kalten Krieges.

Der Höhepunkt aber ist der Keller. Zartbesaitete sollten dem Untergeschoss lieber fernbleiben. Denn hier ist ein Parcours zu durchqueren, der eine »typische« Flucht durch die Grenzanlagen täuschend echt nachstellt. Bellende Hunde. Stimmen, die lauter werden. Von rechts. Oder doch von links? Wer nicht stehen bleibt, auf den wird geschossen. Hier Gott sei Dank nur vom Band.

Adresse Gedenkstätte Innerdeutsche Grenze – Grenzübergang Eisfeld-Rottenbach | Anfahrt A 73 Ausfahrt 6 Eisfeld Süd, nach 300 Metern rechts | Öffnungszeiten täglich 8–18 Uhr | Tipp Das Eisfelder Schloss bietet einen interessanten Einblick in die Geschichte des Ortes.

50 Das Dunkelgrafen-Grab

Begleiter einer geheimnisvollen Frau

Leonardus Cornelius van der Valck war ein gebürtiger Holländer, der einige Jahre in Deutschland verbrachte, in Köln und Göttingen studierte und 1793 einen Offiziersposten in der französischen Armee übernahm. Nach einigen Jahren beim Militär begann seine Karriere als Diplomat in Holland und Frankreich. Seine Nähe zum französischen Königshaus machte ihn zu einem angesehenen Mann. Doch plötzlich war er verschwunden. Bruchstückhaft lassen sich Aufenthalte in Leipzig, Jena, Gotha, Weimar, später in Schweinfurt und Heidelberg nachvollziehen. Er nannte sich »Vavel de Versay« und reiste nicht allein.

1807 tauchte er mit einer Weggefährtin im heutigen Thüringen auf. Er bat um Unterschlupf, der ihm in Hildburghausen gewährt wurde. Nur zwei Monate vorher war das hiesige Herzogtum dem Rheinbund beigetreten, der unter französischer Aufsicht stand. Sicherlich ein Grund dafür, dass er ohne Kontrolle in die Residenzstadt eingelassen wurde.

Ab 1810 lebten die beiden in Eishausen. Die meisten hielten sie für ein Paar, die »Dunkelgrafen«. Vielmehr ist aber davon auszugehen, dass er eine Art Betreuer für die stets verschleierte Frau an seiner Seite war. Hatte sie eine Sonnenallergie, oder wollte sie, wie viele glauben, einfach nur nicht erkannt werden? Die »Dunkelgräfin« bedankte sich 1809 in einem Brief dafür, dass er sie aus einer schrecklichen Lage befreit hatte. Nur aus welcher? Als hoch spekulativ gilt, dass sie die Tochter von Ludwig XVI. und seiner Frau Marie Antoinette war, die beide der Französischen Revolution zum Opfer fielen. Ein DNA-Test mit den sterblichen Überresten war negativ. Aber liegt sie auch wirklich in Hildburghausen begraben, oder wurde sie selbst im Tod wie auch im Leben, auf eigenen Wunsch hin, vertauscht? Auch der Dunkelgraf hinterließ keinerlei Hinweise auf die Identität seiner Begleitung. Die Vergangenheit bleibt daher im Dunkeln.

Adresse Straße am Kuhberg, 98646 Straufhain-Eishausen | **Anfahrt** St 2205 bis Bad Rodach, von dort Richtung Hildburghausen, in Eishausen rechts in die »Straße am Kuhberg« abbiegen | **Tipp** Direkt vor der Kirche im Ortskern befindet sich von März bis Oktober ein Modell des einstigen Eishäuser Schlosses, in dem die beiden wohnten.

51 Die Baunachbrücke

Die Prager Karlsbrücke in Klein

1757 entstand ein kleines barockes Meisterwerk in recht untypischer Lage. Bei Frickendorf, nordwestlich von Ebern gelegen, sticht noch immer eine steinerne Brücke heraus, auf drei Bögen liegend, mit vier Heiligenfiguren gekrönt. Eines der schönsten Brückenbauwerke in den Haßbergen, wenn nicht sogar darüber hinaus. Wie eine Art Miniaturausgabe der alten Mainbrücke in Würzburg oder der Karlsbrücke in Prag. Früher, als Pferdefuhrwerke über die geschotterten Feldwege ratterten, trafen hier zwei viel befahrene Straßen aufeinander. Das kam aber eigentlich häufiger vor, ohne dass gleich eine solch bemerkenswerte Flussquerung entstand. Über den Bau selbst existieren keine Unterlagen mehr. Bei einem Stadtbrand in Würzburg sind viele Aufzeichnungen verloren gegangen. Der Kreisheimatpfleger Günter Lipp recherchierte jahrelang, doch nur noch wenig ließ sich in Erfahrung bringen. Mindestens eine der Figuren stiftete laut Inschrift einige Jahre nach dem Bau im Jahr 1774 ein Hans Georg Weiß. Dabei handelte es sich um den ehemaligen »Dorfsmeister«, also einen Bürgermeister von Frickendorf. Es wird angenommen, dass er den heiligen Georg zur Geburt seines Sohnes stiftete. Auffällig und sicherlich vom Spender bewusst so gewählt: Alle drei, er, der Sohn und der Heilige (siehe Ort 21), besaßen den gleichen Vornamen.

Der heilige Johannes Nepomuk, der auch die besagten Brücken in Würzburg und Prag verziert, der heilige Michael und eine Figur der Maria Immaculata ergänzen das historische Ensemble über die Baunach.

In den letzten Tagen des Zweiten Weltkriegs war eine Sprengung bei den Pionieren bereits beschlossene Sache, um den Feind »aufzuhalten«. Das hätte diesen ob des flachen Flussbettes aber nur ein müdes Lächeln gekostet. Zwei Bauern aus dem Ort konnten den Kommandoführer zum Glück überzeugen, dass damit wenig gewonnen und vielmehr etwas Besonderes zerstört worden wäre.

Adresse 96106 Ebern-Frickendorf | Anfahrt B 303 Richtung Schweinfurt, B 279 Richtung Ebern, bei Fischbach abfahren, Richtung Frickendorf halten | Tipp Am Waldrand bei Römmelsdorf steht eine historische Kegelbahn. Ein kleines Fachwerkhäuschen schmiegt sich an die 1810 erbaute überdachte Sportstätte.

52 Die Heunischenburg

Machtzentrum der Vorzeit

Im 9. Jahrhundert vor Christus stand auf dem Wolfsberg eine prächtige Burg, die heute als älteste steinerne Befestigungsanlage Europas nördlich der Alpen gilt.

Bis 1983 waren nur wenige Abhandlungen über das Bauwerk vorhanden. Die historische Bedeutung der Burg war noch lange Zeit niemandem bewusst: Zahlreiche Steine des Bollwerks verschwanden Mitte des 20. Jahrhunderts und wurden einfach für Straßenbauarbeiten in der Umgebung eingesetzt.

Bei Grabungen und näheren Untersuchungen Mitte der 1980er Jahre zeigte sich, dass Teile des Bauwerks nicht wie zuvor angenommen aus der Kelten-, sondern bereits aus der Urnenfelderzeit stammen. Es wird vermutet, dass damals eine Fernhandelsstrecke hier vorbeiführte. Im nahen Frankenwald gab es zu jener Zeit ein enormes Zinn- und Kupfervorkommen, für das es sich auf jeden Fall lohnte, hier eine Art Kontrollstation einzurichten und Wegezoll zu verlangen. Ihre Bedeutung verlor die Anlage erst in der Eisenzeit, da die besagten Vorkommen nun an Stellenwert einbüßten. Anhand der Brandspuren an den Steinen und der Vielzahl an Waffen, die entdeckt wurden, ist davon auszugehen, dass die Burg einige Male heftig umkämpft war. Die Suchtrupps förderten Pfeilspitzen, Schwerter, Lanzen und Panzerbruchstücke zutage, die sich heute im oberfränkischen Archäologie-Museum in Forchheim befinden.

Vor Ort wurden zur Jahrtausendwende Teile der Mauer und ein Tor detailgetreu rekonstruiert. Die einstigen Dimensionen werden zwar angedeutet, die Gesamtgröße der Anlage, die den gesamten Sporn einnahm, bleibt aber der Phantasie überlassen. Es ist auf jeden Fall stimmig, dass hier oben eine Burg stand. Vom damals wohl noch baumlosen Gipfel konnten die angrenzenden Täler perfekt überwacht werden. Rollenspieler kommen an der Heunischenburg mit ihrem Wall, dem Torweg und angrenzenden Wald bestimmt voll auf ihre Kosten.

Adresse 96317 Kronach-Gehülz | Anfahrt B 303 Richtung Kronach bis Sonnefeld, St 2708 durch Mitwitz, zwischen Burgstall und Gehülz links abbiegen, Parkplatz vorhanden, von dort rund 200 Meter Fußweg bergauf zur Burganlage | Tipp Das Mitwitzer Wasserschloss besitzt im Inneren eine Architektur, die man eher in der Toskana vermutet hätte.

53__Das Hofcafé Mohnbiene

Der tierischen Tapezierspezialistin auf der Spur

Tapezieren ist ja wieder »in«. Das Mohnbienen-Weibchen gilt hier als ausgewiesene Fachfrau und ist für die Ausgestaltung des »Wohnraums« ihres Nachwuchses verantwortlich. Fast wie beim Homo sapiens. Bei der Farbe ist sie aber recht konservativ. Nichts geht über Rot. Wie sie zur Tapete kommt? Sie schneidet mit ihren Kieferngzangen aus den Blütenblättern des Klatschmohns fingernagelgroße Blattstücke heraus. Dann geht es an die Arbeit. Zuvor hat sie im sandigen Boden einige kleine Kammern mit einer Tiefe von sechs Zentimetern vorbereitet. Rund 30 der roten Blütenteile sind nun notwendig, dann hat sie ein »Zimmer« fertig. Mit einem Mix aus gesammelten Pollen und ausgespucktem Nektar erschafft sie einen »Bienenkuchen«, der mit einem Ei garniert wird. Danach wird das Nest akkurat verschlossen und mit umliegender Erde getarnt. Die Larve schlüpft nach wenigen Tagen, frisst den Bienenkuchen, verpuppt sich und verbringt einen Winter in ihrer Behausung, bevor sie ausgewachsen ihr Versteck verlässt. Der Fortbestand der Mohnbiene ist somit wieder gesichert.

Im Rodachtal bei Gemünda findet sich die weltweit erste nachgewiesene dauerhafte Population dieser Tierart, die als stark gefährdet gilt und in der freien Natur leider nur sehr selten zu bestaunen ist. Das Café Mohnbiene huldigt seinem Namensgeber in verschiedenen Formen. Die Inneneinrichtung mit kräftigen Rottönen fällt sofort ins Auge und harmoniert mit den Bildern der Biene an den Wänden. Die Besitzerin erzählt gern von der lieb gewonnenen Spezies und warum die ungemähten Randstreifen der Wiesen rund um Gemünda als Lebensraum so wichtig für das Insekt sind. Passende Vorträge von Roland Günter zur Wildbiene finden auf Anfrage statt. Der Veranstaltungskalender im Hofcafé bietet aber noch viel mehr: Candle-Light-Dinner, Frauenwohlfühltage, »Wiesenschmaus«, »Kino auf dem Lande«, Vernissagen und Lesungen der besonderen Art.

Adresse An der Lache 6, 96145 Seßlach-Gemünda, www.joechner-gemuenda.de, Tel. 09567/274 | **Anfahrt** B 303 Richtung Schweinfurt bis Dietersdorf, in Gemünda der Beschilderung am Ortseingang nach links folgen | **Öffnungszeiten** Do–So 14.30–18 Uhr, jeden 3. Sonntag im Monat geschlossen | **Tipp** Das Naturschutzgebiet Muggenbacher Tongruben ist Lebensraum für weitere gefährdete Tierarten. Darunter die Turteltaube, die Grabwespe und die Gelbbauchunke. Das Café bietet auch hier geführte Wanderungen an.

54 Das Ummerstädter Kreuz

Vernebelte Andacht oder benebelte Grenzer?

Ummerstadt erlitt nach der deutschen Teilung das gleiche Schicksal wie der Landkreis Coburg: Von gleich drei Himmelsrichtungen war die Stadt, aktuell die drittkleinste Deutschlands, von Grenzanlagen umsäumt. Einige Ummerstädter entschieden sich bereits in den 1940er Jahren, Thüringen zu verlassen und in den Westen überzusiedeln. 1952 wurden im Rahmen der Aktion »Ungeziefer« von der ostdeutschen Staatsregierung neun weitere Familien aus dem Ort vertrieben. Zu Recht wütend auf die SED, zogen die meisten ebenfalls ins benachbarte Bayern. Viele siedelten sich in der direkten Umgebung an, einige waren der Situation aber überdrüssig und verzogen weiter ins »Landesinnere« der BRD.

Bis zum Bau der Grenzanlagen 1962 ging es noch etwas lockerer zu: Viele Bauern hatten sogar weiterhin Landbesitz in Bayern und überquerten die Grenze mehrfach am Tag. Die Errichtung der Zäune, Kolonnenwege und Absperranlagen änderte aber alles. Schlag(baum)artig.

1962 gründete Robert Süße für alle »Flüchtigen« im Westen die »Gemeinschaft der Ummerstädter«. Das Kreuz wurde im Oktober 1963 als Treffpunkt errichtet und bot einen unverbauten Blick auf die alte Heimat. Zeitgleich mit der Weihe fand in Ummerstadt die Kirchweih statt. Die Grenztruppen der DDR wollten die indirekte Verständigung verhindern und setzten Nebelkerzen und Rauchfackeln ein. Nicht nur um den Blick zu trüben, sondern auch um die Feierlichkeiten am überdimensionalen Kruzifix zu stören. Doch das Gegenteil geschah: Immer mehr Personen strömten zum Kreuz und nahmen an der Andacht teil. Als sich der Nebel verzogen hatte, konnten die Ummerstädter an dem ihnen gewidmeten Kreuz zahlreiche Menschen stehen sehen.

Bei Beerdigungen in Thüringen fanden sich ab diesem Zeitpunkt häufig die Verwandten, die »rübergemacht waren«, auf der Anhöhe ein und trauerten um ihre Angehörigen mit. Still und vom Friedhof aus gut zu sehen.

Adresse auf der Anhöhe zwischen Ummerstadt, Autenhausen und Gemünda | **Anfahrt** B 303 Richtung Schweinfurt, Ausfahrt Dietersdorf, von Gemünda aus 3 Kilometer zu Fuß | **Tipp** Die alte Töpferstadt Ummerstadt bietet sich mit ihren zahlreichen Fachwerkgebäuden für einen schönen Spaziergang an. Dann sieht man das Kreuz auch einmal von »unten«.

55 Der Bahnhof und die Mauer

Überbleibsel des Kalten Krieges

Einst führte die Werrabahn zwischen Coburg und Eisfeld auch am thüringischen Görsdorf vorbei. Eine eigene Haltestelle blieb kein Wunschtraum, wurde aber aus Platzgründen einige hundert Meter entfernt im Herzogtum Coburg errichtet. Nicht abwegig, waren die Grenzen hier zu dieser Zeit doch noch fließend, und auch die Gottesdienste für die Einwohner fanden in Rottenbach statt.

Das Aufeinandertreffen des amerikanischen und russischen Sektors war nach Ende des Zweiten Weltkriegs daher zuerst gar kein so großes Problem. Der besagte Bahnhof befand sich zwar auf der einen, der Ort selbst auf der anderen Seite der Grenze, er sollte aber nach Überwindung der Kriegswirren wieder angefahren werden. Pläne über die Wiederbelebung der Strecke lagen bereits in der Schublade. Mit einer späteren Demarkationslinie im heute bekannten Umfang konnte damals noch keiner rechnen. Als Folge der Berlin-Krise 1948 waren es die Russen, die Teile der Strecke bei Eisfeld sprengten und damit das Vorhaben konterkarierten. Die Züge endeten zwar noch bis 1949 hier. Eine notwendige Brückenreparatur stellte aber diese »Sackgasse« und deren Sinnhaftigkeit endgültig in Frage. Die Stilllegung des Abschnitts ab Tiefenlauter war die Folge. Logisch, denn, und das ist nicht mal despektierlich gemeint, hier war auf einmal »die Welt zu Ende«. Der ehemalige Bahnhof wird heute privat als Wochenendhaus genutzt.

Mit der Grenzmauer wurde ganz in der Nähe ein, wenn auch nur kleines, Stück der Absperranlage erhalten und 2005 unter Denkmalschutz gestellt. Dieser erst 1981 erbaute Abschnitt fungierte für das im Sperrgebiet der DDR befindliche Dorf als Sichtblende, damit den Bewohnern auch wirklich kein Blick hinüber zum Klassenfeind möglich war. Heute ist das Mauerfragment ein »Kleintierhotel« und bietet Schmetterlingen, Insekten und Fledermäusen durch gezielte Maßnahmen eine Überwinterungsmöglichkeit.

Adresse 96528 Schalkau-Görsdorf | Anfahrt A 73 Ausfahrt 7 Coburg, der CO 27 durch das Lautertal bis Tremersdorf folgen, dort rechts nach Görsdorf abbiegen | Tipp Im ganzen Lautertal ist die alte Bahnstrecke als Schneise noch gut sichtbar und begehbar. Als Einstieg empfiehlt sich die Franziskuskapelle in Tiefenlauter.

56 Die Kirchenglocken

Freud und Leid liegen oft eng beieinander

Der Metallvorrat zur Herstellung von Munition ging mitten im Ersten Weltkrieg zur Neige. Als Erstes ging es damals dem flüssigen Brot an den Kragen. Sudpfannen aus den Brauereien, zinnerne Bierkrüge und -deckel gerieten ins Visier des Militärs.

Die Kirchen waren als Nächstes dran. Dabei waren die Orgelpfeifen eher zu vernachlässigen. Die »Glockenbronze« hatte es jedoch in sich. Wertvolles Kupfer und Zinn befand sich in den Kirchtürmen. Der Aufruf, die Kirchenglocken doch bitte »fürs Volk« abzuliefern, überraschte daher nicht.

Die große Glocke in Grattstadt aus dem Jahr 1761 wurde aber nicht wie erbeten im Ganzen übergeben, sondern noch im Kirchturm zerschlagen und nur in Bruchstücken ausgehändigt. Man wollte sich schlicht das Abdecken der Dachziegel in luftiger Höhe ersparen.

Eine folgenschwere Fehleinschätzung in Kriegszeiten. Denn einem Großteil der Glocken blieb die Einschmelzung erspart. So bekamen fast alle Kirchen ihre Glocken zurück. Die Grattstadter Pauluskirche jedoch nicht. Es gab ja keine mehr. Die Entschädigung, die die Gemeinde erhielt, investierte sie 1920 in eine Eisenglocke. Mit mattem Klang schwang sie einige Jahre, rostete aber schnell und hatte bereits nach wenigen Jahren einen Riss, der mit einem Nagel notdürftig geflickt wurde. Ein Trauerspiel im Kirchturm, möge man meinen.

Doch die zweite, bereits 700 Jahre alte, kleinere Glocke ist dafür der ganze Stolz Grattstadts. Das Besondere an ihr sind die Namen der Evangelisten, die verkehrt herum eingegossen wurden, Suehtam, Sucram, Sacul und Sennahoj. War da wohl im 14. Jahrhundert der Azubi am Werk? Etwas Genaues weiß man nicht. Klar ist nur, dass die andere geopfert wurde, um ihre ältere Schwester nicht aufs Spiel zu setzen. So schwingt die historische Glocke noch immer munter vor sich hin, während die gesprungene Glocke im Kirchenschiff ausgestellt ist und besichtigt werden kann.

Adresse Am Kirchsteig, 96476 Bad Rodach-Grattstadt | **Anfahrt** A 73 Abfahrt 6 Eisfeld Süd, Richtung Bad Rodach, durch Ahlstadt nach Grattstadt | **Tipp** Mit dem Eisstockschießen bieten die Sportfreunde Grattstadt eine eher seltene Sportart an, die dem Curling ähnelt. Die Eisstockbahn kann bei Interesse gemietet werden. www.sf-grattstadt.de

57_Der Kupferbrunnen

Gehyptes Heilwasser

Als Dr. Caspar Fischer 1730 zum Hofmedicus in Coburg berufen wurde, ließ er sich auf einem Gutshof in Grub nieder und erfuhr von den Dorfbewohnern Erstaunliches. Die Bauern berichteten von einer Quelle, die im Winter nicht zufror und in deren Wasser Fische und Krebse nicht am Leben blieben.

Den Wissenschaftler im Arzt machte das natürlich neugierig. Er analysierte das kühle Nass genauestens. Der recht hohe Kalkgehalt galt damals als gesundheitsförderlich. So nutzte er die Gelegenheit und eröffnete kurze Zeit später eine offizielle Badequelle. Dazu ließ er ein Brunnenhaus errichten, in dem Bade- und Trinkkuren möglich waren.

Mit Hilfe eines chemischen Laboratoriums gewann er außerdem die Essenz des Wassers und nannte diese das »weiße Grüber Pulver«. Der Eifer und die Tatkraft des Heilkundigen überzeugten auch die Coburger Herzöge schnell, ihre »Wellness-Anwendungen« im frisch entdeckten Heilbad Grub vorzunehmen. In einem Bäderführer aus jener Zeit wurde der hiesige Kurort dann sogar an zweiter Stelle nach Karlsbad genannt und erlebte zu dieser Zeit den Höhepunkt seiner Bekanntheit. Dem Wasser wurde eine abführende und krampflösende Wirkung zugeschrieben. Dr. Fischer wollte aber nicht nur das schnelle Geld machen. Er verschrieb strenge Kuren, um die Spreu vom Weizen zu trennen und vorrangig diejenigen zu behandeln, die eine anstrengende Askese zur Gesundung durchhielten.

Der Badebetrieb lief letztendlich aber nur ein knappes Jahrzehnt. Denn der Hype um das Grüber Heilwasser war größtenteils dem Geschick des Doktors zuzuschreiben. Wusste dieser doch mit seinem Talent zwar nicht aus Wasser Wein, aber aus Kalkwasser Heilwasser zu machen. Mit seinem Tod 1746 geriet Grub schnell aus den Schlagzeilen. Ohne die Verschreibung der wohlgeschätzten Kuren blieben die Gäste aus, und die glorreiche Vergangenheit geriet schnell in Vergessenheit.

Adresse Weingartenstraße, 96271 Grub am Forst | **Anfahrt** A 73 Ausfahrt 10 Ebersdorf, nach Grub am Forst, im Ort nach der Bahnschiene rechts in die Bahnhofstraße und erneut rechts in den Rösterweg abbiegen | **Tipp** Mit dem Reichenbach-Haus im Ortskern von Grub am Forst existiert hier ein sehenswertes Museum, das die Lebensweise der armen Leute vom Land vor über zwei Jahrhunderten dokumentiert.

58 Mein Woody

Mehr als nur ein Produkt

Nachhaltigkeit ist tatsächlich kein Fremdwort. Im Alltag sieht das aber häufig anders aus. Da wird bei Bedarf die Hybrid-Petersilie im Supermarkt mitgenommen, wenn man mal »gesund« kochen will. Da sind die Schnittblumen an der Kasse schneller gekauft als die Pflanze mit Wurzeln und Erde. Ist ja sonst teurer. Und schwerer. Und überhaupt, wohin damit?

Die Wegwerfgesellschaft lebe hoch. Dreimal hoch. Alle einverstanden? Hoffentlich nicht. Auch die deutsche Bundesregierung sagt dazu entschieden Nein und fördert innovative Ideen aus allen Bereichen des Lebens, auch aus dem Bereich Naturschutz. Jedes Jahr werden 32 »Kultur- und Kreativpiloten« ausgezeichnet. Ein deutschlandweit einmaliges, ebenfalls ausgezeichnetes Konzept stammt aus unserer Region. Zukunft(s)pflanzen. Zurück zur Natur.

Mein Woody ist natürlich zuerst einmal ein Produkt. Kräuter, Gemüse und Blumen zum Selbstziehen. All in one. Saatgut, Erde, Topf und Dünger. Bio-zertifiziert und gentechnikfrei. Mit der beigelegten Anleitung kann dann eigentlich nichts mehr schiefgehen. Das Ganze klappt auf der Fensterbank auch im Winter, wenn sonst kaum etwas grünt. Sogar Baum-Startersets gibt es. Das geht auch erst mal nur im Topf, wenn der eigene Garten noch fehlt. Etwas Bleibendes schaffen und Spuren für die Nachwelt hinterlassen. Immer noch nur ein Produkt?

Mein Woody ist eigentlich mehr eine Philosophie. Nachdenken, umdenken, vordenken. Hin zum kleinen Erfolgserlebnis. Der Stolz darauf, dass etwas ganz klein beginnt, mit mehr oder weniger Aufwand wächst und gedeiht, einmal groß wird, lecker schmeckt oder einfach nur toll aussieht. Und man mit dafür verantwortlich ist. Auch wenn der Weg zum Selbstversorger oder Weltverbesserer, der die CO_2-Bilanz der Erde einschneidend verändert, noch weit ist. Jeder noch so winzige Teil ist wichtig. Unsere Welt ist schön. Sorgen wir doch dafür, dass es so bleibt.

Adresse Rohrbacher Straße 28b, 96271 Grub am Forst, www.meinwoody.de | Anfahrt B 303 Richtung Kronach bis Grub am Forst, Richtung Rohrbach | Öffnungszeiten Mo–Do 9–16 Uhr, Fr 9–12 Uhr | Tipp Bei Ebersdorf existiert ein schönes Naherholungsgebiet, tiefer im Wald außerdem der geheimnisvolle Forstmeisterteich. Startpunkt für eine schöne Wanderung sind die Parkplätze bei den Sportanlagen der DJK Sylvia Ebersdorf.

59 Der Regiomat

Eier von mobilen Hühnern zu jeder Tageszeit

Was war zuerst da, das Huhn oder das Ei? Keine Ahnung. Fest steht jedoch, dass weiße Hühner eine kürzere Lebensdauer haben als ihre braunen Artgenossen. Der Grund ist recht trivial. Der Habicht gilt als größter Feind von Hahn und Henne. Das weiße Federkleid ist mit einer Zielscheibe gleichzusetzen. Braun dagegen ist bekanntermaßen eher eine Tarnfarbe. Den ureigenen Instinkt, Angst vor dem Angreifer aus der Luft zu haben, besitzen trotzdem alle Hühner, egal, welcher Couleur. Daher verlassen die Tiere ihren Stall nur für maximal 30 Meter, sie kalkulieren also einen Sprint in die schützende Behausung mit ein und wagen keine größeren Ausflüge. Nervenkitzel scheint nicht ihr Ding zu sein.

Hier kommen nun die mobilen Hühnerställe der Familie Siegel ins Spiel. Vier gibt es derzeit davon. Die Eigenkonstruktionen sollen den Hühnern einen besonderen Komfort bieten. Die umgebauten Anhänger oder Lkw-Auflader werden alle drei Wochen umgesetzt und neu eingezäunt, um immer wieder frische Wiese anzubieten. Denn sonst wäre das besagte Areal im Handumdrehen abgegrast und durch Scharren, Picken und die Erledigung der Notdurft unansehnlich und reizlos für die Hühner. Gefahr erkannt, Gefahr gebannt.

Verkauft werden die Eier im Regiomaten an der Straße. Geld einwerfen, Nummer drücken, Wechselgeld und Produkt entnehmen. Wurst aus dem eigenen Stall, Honig aus der Region und Eiernudeln runden das jederzeit verfügbare Angebot zu fairen Preisen ab. Den Eierlikör gibt es, das Jugendschutzgesetz lässt grüßen, für alle, die alt genug sind, direkt an der Haustür. Und keine Angst: Für Kühlung im Automaten ist gesorgt. Für den unbeschadeten Transport der Eier durch ein ausgeklügeltes Liftsystem ebenfalls. In Scherneck in der Schulstraße existiert bereits eine »Filiale« in Form eines herkömmlichen Kühlschranks mit verschiedenen Eier- und Verpackungsgrößen.

Adresse Hattersdorf 36a, 96145 Seßlach, www.hattersdorfer-hühnerglück.bayern | Anfahrt B 303 Richtung Schweinfurt bis Dietersdorf, Richtung Seßlach, links in die »Hattersdorf-Siedlung« abbiegen, »Eier vom Bauernhof« ausgeschildert | Tipp Der Holzbildhauer Schott in Seßlach stellt seine zahlreichen Holzskulpturen im Innenhof seines Hauses in der Luitpoldstraße aus.

60 Die Drachengrotte

Schloss Hohenstein und seine Geheimnisse

Der Erhalt von Schloss Hohenstein ist Oskar Hacker zu verdanken. Bemerkenswert, wie er auf Schloss Hohenstein aufmerksam wurde. In einer Zeitung seiner Heimatstadt München entdeckte er 1976 ein Inserat, dass ein Schloss in Oberbayern zum Verkauf stünde. Hacker war zu jener Zeit auf der Suche nach einem Objekt, das er kaufen und dann karitativ oder kulturell fördern wollte. Seine Antwort auf die Chiffre-Anzeige wurde nach wenigen Tagen erwidert. Der Architekt am anderen Ende der Leitung musste aber kleinlaut einräumen, dass es sich um einen Druckfehler handelte und das Anwesen nicht in Oberbayern, sondern in Oberfranken liegt. Ein nicht unbedeutender Unterschied. Das Interesse des Privatiers war aber ob der Schwärmerei seines Gesprächspartners, eines gebürtigen Coburgers, trotzdem geweckt. Bei einem Ortstermin kein Architekt weit und breit, aber eine Vielzahl betagter Damen, die den Interessenten umringten. Es stellte sich heraus, dass sich noch ein Altersheim im Gebäude befand. Das passte ja wie die Faust aufs Auge. Genau das, was Oskar Hacker gesucht und nun auch gefunden hatte. Als das Altenheim einige Jahre später in einen Neubau umzog, nahm der Besitzer eine Kernsanierung vor und baute das Herrschaftsgebäude in ein Restaurant mit Gästezimmern um.

Der Park des Schlosses schlummert ruhig vor sich hin. Empfangen wird der Besucher von einem schicken Fachwerk-Pförtnerhaus am Eingang. Dahinter liegen verschlungene Pfade, Laubengänge, aus Stein geschlagene Vasen, mit reichlich Moos und Patina bedeckt. Ein Monopteros, 1895 erbaut, versteckt eine kleine Drachengrotte unter sich. Wer sich am feuerspuckenden Bewacher vorbeitraut, durchschreitet einen verwinkelten Gang mit einem Tunnel und einer Felsengrotte am Ende. Wege wurden hierher nicht angelegt. Daher kennt auch kaum jemand diese Stelle, die von wild wachsendem Geäst getarnt im Verborgenen liegt.

Adresse Hohenstein, 96482 Ahorn | Anfahrt B 303 Richtung Schweinfurt, Abfahrt Richtung Schafhof, dort dann der Beschilderung Richtung Schloss Hohenstein folgen | Tipp Zur Stärkung empfiehlt sich das Restaurant »Alte Henne« direkt neben dem Schloss. Hier wird viel Wert auf regionale Produkte gelegt. www.altehenne.de

61 Der Querkelsteinweg

Wehe, wenn die Zwerge toben

Schloss Hohenstein besitzt einen schicken, überschaubaren Schlosspark, der zum Verweilen einlädt. Wer etwas mehr »Auslauf« braucht, kann sich auf den drei Kilometer langen Rundweg zu den Querkelsteinen machen.

Der Sage nach lebten im Hohensteiner Wald einst mehrere dutzend Zwerge, Querkel genannt, die den Bauern bei der Feldarbeit halfen und im Berg selbst Gold und Silber abbauten. Die eifrigen Kobolde wurden mit reichlich Essen für ihre Taten belohnt. Eines Tages vergaß eine Bauersfrau, die abendliche Vesper bereitzustellen. Die Männchen, hungrig, wie sie waren, bedienten sich selbst und wurden von einem misstrauischen Bauern erwischt und verprügelt. Die Querkel konnten sich retten und packten noch an jenem Abend ihr Hab und Gut, um den hohen Stein zu verlassen. Nicht ohne zunächst vor Wut einige Steinblöcke den Hang hinunter Richtung Dorf zu werfen. Die Bauern warteten am nächsten Morgen vergebens auf ihre fleißigen Helfer. Auf der Suche nach ihnen fanden sie die mächtigen Felsbrocken, die einst den Gipfel des Berges krönten, nicht weit von ihren Höfen entfernt. Seit dieser Zeit heißen die Felsen »Querkelsteine«.

Der ausgeschilderte Rundweg beginnt am Schloss und führt mit einem kleinen Abstecher zum Teufelsstein, an der Straße in Richtung Haarth gelegen. Unverkennbar die von Menschen-(oder Querkel-?)-Hand in den Stein gehauenen Treppenstufen, die die Steine einst in eine befestigte Anlage einbanden.

Auf befestigten, breiten Waldwegen läuft man, nachdem zuerst noch dem Straßenverlauf zu folgen ist, dann endlich auf die eng beieinanderliegenden Querkelsteine zu. Dort fällt der Bismarckstein durch seine Beschriftung und das zerstörte Relief auf. Nicht weniger beeindruckend ist der Querkelstein mit der kleinen Felsnische und den beiden steinernen Bänken. Und wer tatsächlich einen Querkel zu Gesicht bekommt: Bitte nett sein und füttern, wenn möglich.

Adresse Hohenstein, 96482 Ahorn | **Anfahrt** B 303 Richtung Schweinfurt, Abfahrt Richtung Schafhof, dort dann der Beschilderung Richtung Schloss Hohenstein folgen | **Tipp** Querkelsagen gibt es auch auf dem Staffelberg und auf dem Veitenstein. In Lußberg bei Breitbrunn in den Haßbergen steht seit 2012 ein Sandsteindenkmal für die kleinen Wichtel.

62 Die Heilsteine

Wo bitte geht's zum Prostatastein?

Das Wichtigste bei einem Spaziergang vorbei an den Heilsteinen, einer Vielzahl spiritueller Kraftorte, ist wohl der Glaube. Denn der versetzt bekanntermaßen Berge. Einen definitiven Nachweis über die Wirksamkeit gibt es natürlich nicht. Aber gerade das Unbewiesene übt wohl einen großen Reiz aus.

Die von den Anwohnern liebevoll »Staakrabbler« (für Zugezogene: Steinekrabbler) Getauften sind fast immer unterwegs, oben im Steinert, einem Höhenrücken bei Jesserndorf. Unmengen an Felsen liegen hier herum. Jeder hat eine eigene Zahl aufgesprüht. Zum Beispiel die Nummer 27 – für den Lungenstein. Die 28 – Prostatastein. Nummer 25 – eine »Mehrfunktionsgesteinsgruppe« für Rücken, Herz und Lunge.

Wer in den Genuss einer esoterischen Behandlung kommen will, kann in den sogenannten Heilwannen auf oder am Felsgestein Platz nehmen. Nicht selten ist das Sitzen oder Liegen aber wenig komfortabel. Besonders in der kalten Jahreszeit kommen die Besucher daher mit Decken und alten Kissen und machen es sich gemütlich. Denn im »megalithischen Sanatorium« benötigt man zwei Dinge: Ruhe und viel Zeit. Eine schnelle Wunderheilung – ausgeschlossen. Es geht vielmehr darum, zu sich selbst zu finden und die eigenen Abwehrkräfte zu aktivieren. Auf dem zwei Kilometer langen Rundgang, der mit dem Wildschwein-Zeichen ausgeschildert ist, kommt man auch an der Mariengrotte mit dem Herrgottswinkel, einer besonders großen Steinformation mit einer Marienfigur und einem kleinen Glockenturm daneben, vorbei. Die »Oase der Ruhe«, ein dunkler, geheimnisvoller Teich, ist eine wildromantische Stelle mit einer besonders großen Heilsteindichte im näheren Umkreis. Wer den Berg nur bewandert und die Steine Steine bleiben lässt, kann die Natur genießen und den Kopf frei bekommen. Denn schön ist es hier allemal, an Buchen, Eichen, Birken und Kiefern vorbei, alles ursprünglich und ein bisschen verzaubert.

Adresse Helmut-Bergmann-Weg, 96106 Ebern-Jesserndorf, Pläne der Heilsteine unter download.heilfelsen.de | **Anfahrt** B 4 bis Untermerzbach, St 2278 durch Ebern Richtung Königsberg/Haßfurt, an der Kreuzung nach Jesserndorf rechts auf den Wanderparkplatz | **Tipp** Im »Weingarten« kann man nicht nur lecker essen, sondern auch eine Keramikwerkstatt besuchen.

63 Die Wachswerkstatt

Ein Kloster geht online

Auf einem idyllisch am Ortseingang gelegenen alten Gutshof samt Schlossgebäude wurde 1953 das Kloster Maria Frieden gegründet, eine benediktinische Glaubensgemeinschaft mit ursprünglich philippinischen Wurzeln. Es traten aber nur zwei Frauen aus der Region ein. Deshalb wurden Schwestern aus den Philippinen für den Aufbau angefragt. Die Gemeinschaft wuchs und wurde 1973 zur Abtei erhoben. Die Verständigung in der überwiegend philippinischen Gemeinschaft könnte man schmunzelnd als »oberfränkisches Englisch« bezeichnen.

Die Schwestern gehen gemeinsam zum Beten, Singen, Essen und zur Arbeit. Die Tätigkeiten der Nonnen sind sehr unterschiedlich. Jede hat hierbei ihre ureigenen Talente, die sie ins Kollektiv einbringt. Neben dem Dienst in der Gemeinschaft gibt es den Gästebetrieb und den Biohof, der bereits einen Innovationspreis für den organisch-biologischen Ackerbau und seine vielfältige Tierhaltung erhielt.

Im Klosterladen wiederum wird eine große Auswahl an Wachsprodukten geboten. Die Kerzen, ob groß, klein, bunt oder schlicht, überzeugen durch Ideenreichtum und Individualität. Kleine, filigrane Kunstwerke entstehen in der Wachswerkstatt vor Ort, mit viel Liebe und Begeisterung für die Gestaltung, jede ein Unikat. Die Wachsplatten in kunstvollen Farbschattierungen werden handgefertigt und bilden unter anderem Symbole für die Sakramente der Taufe, Kommunion und Eheschließung ab. Darüber hinaus sind aber auch Sonderwünsche wie die Gestaltung mit einem eigenen Bild oder bestimmten Motiven kein Problem. Da die Wachswerkstatt auch im World Wide Web vertreten ist, kann die Datei einfach online übermittelt werden. Unter www.kerze24.com kann man gemütlich von zu Hause bestellen. Einen Besuch in Kirchschletten kann aber nichts ersetzen. Die dreidimensionalen Verzierungen der Kerzen und das wohltuende Ambiente des Schlosses muss man einfach live erlebt haben.

Adresse Kirchschletten 30, 96199 Zapfendorf, www.abtei-maria-frieden.de | Anfahrt A 73 Ausfahrt 17 Zapfendorf, ab dort ausgeschildert | Öffnungszeiten Mo–Sa 8–11.30 und 14–17.30 Uhr | Tipp Die Gottesdienste in der Kirche im Seitenflügel des Schlosses kann jeder Interessierte besuchen. Außerdem existieren zwei Gästehäuser für alle, die sich einmal eine Auszeit nehmen wollen. Junge Frauen, die sich für das Klosterleben prüfen wollen, können sogar vorübergehend am Klosterleben selbst teilnehmen.

64__Das Tropenhaus

Papayas aus dem Franken-, nicht aus dem Regenwald

Kleintettau ist nicht gerade eine Touristenhochburg. Aber ein Geheimtipp für ausgefallene Locations. Auffällig und nicht alltäglich ist das »Tropenhaus am Rennsteig«. Hinter dem Wortungetüm »energieeffiziente Abwärmenutzung« steckt eine simple, aber richtig schlaue Idee: Die nicht mehr benötigte, durch die Produktion entstandene Prozessabwärme aus der ortsansässigen Glasfabrik wird nicht einfach über eine Rückkühlungsanlage nach draußen geleitet, sondern in das nebenan gebaute große gläserne Haus gespeist. Dort wachsen nun von April bis in den November hinein Südfrüchte wie Bananen und Papayas, aber auch ausgefallene Sorten wie Annonen, Karambolen und Lulos. Es gibt auch tropische Speisefische, Schildkröten und zahlreiche Pflanzen, die am Äquator ihren natürlichen Lebensraum haben. Die einstige Grundidee war sogar, hier exotische Tiere wie Krokodile zu beherbergen. Im näheren Umkreis findet man auf den Speisekarten zahlreicher Restaurants regionale Spezialitäten wie »Papayas aus dem Frankenwald«, absolut »bio« oder »Nilbuntbarsch aus Kleintettau«. Der Energiebedarf des Gebäudes wird fast vollständig durch die Abluft der Glashütte und die eingespeiste Sonnenenergie gedeckt. Gerade einmal ein Vierzehntel wird noch herkömmlich durch Strom generiert.

Gemeinsam unter anderem mit der Universität Bayreuth werden mehrere Forschungsarbeiten vorangetrieben. Die wohl wichtigste Frage: Schmecken die Früchte aus dem Frankenwald besser als unreif in den Tropen geerntetes Obst, das erst auf dem Transportweg nachreift und essbar wird? Das Besucherhaus kann ohne Voranmeldung besichtigt werden. Viel interessanter ist aber ein Blick in den Forschungsbereich. Führungen können im Voraus ab einer Gruppenstärke von 15 Personen gebucht werden, Einzelpersonen können darauf hoffen, sich einer solchen Gruppe spontan anzuschließen. Im Shop gibt es neben saisonalen Fischen und Früchten auch überschüssige Pflanzen und Saatgut.

Adresse Klein Eden 1, 96355 Tettau, www.tropenhaus-am-rennsteig.de, Tel. 09269/77143 | Anfahrt B 303 und B 173 nach Kronach, B 85 Richtung Saalfeld, in Rothenkirchen auf die KC 9 abbiegen | Öffnungszeiten Einlass Mi–Fr 9–16 Uhr, Sa–So 10–16 Uhr, Gruppenführungen nach Vereinbarung Mo–Sa | Tipp Im europäischen Flaconglasmuseum wird der Besucher durch die 5.000-jährige Geschichte der Glasherstellung geführt. Eindrucksvolle Exponate und multimediale Elemente veranschaulichen die Glasmachertradition im nördlichen Frankenwald und Thüringer Schiefergebirge. Gleich nebenan: der Hofladen der Hochlandrinder-Zucht.

65 Der Amtsbotenweg

Warum der Intelligenzbote nicht schlau sein musste

Sagen wir es direkt heraus: Der Amtsbote war ein armes Schwein. Zweimal in der Woche führte ihn sein Weg vom sächsischen Coburg ins 47 Kilometer entfernte Königsberg. Einfach, wohlgemerkt. Immerhin, während der Arbeitszeit ausreichend Bewegung und frische Luft, sicherlich gut für die Gesundheit! Eher schlecht fürs Wohlbefinden: Sein »Arbeitsweg« führte den Sachsen durch bayerische Gebiete. Wegelagerer, Grenzkontrollen und misstrauische »feindliche« Soldaten führten zu ungeplanten Verzögerungen. Komplikationsfrei geht definitiv anders.

Ein Kollege des Amtsboten, der »Intelligenzbote«, hatte die Strecke nur einmal wöchentlich zurückzulegen. Besonders helle musste er nicht sein, auch wenn dies seine Bezeichnung vermuten lässt. Hier zählte eher die Kampfeskraft im Fall der Fälle. Er war für Geldübergaben und die Übermittlung von Berichten und standesamtlichen Nachrichten zuständig, hieß doch die damalige Zeitung für das Herzogtum »Intelligenzblatt«. Der Begriff Intelligenz leitet sich übrigens vom lateinischen Begriff für »Einsicht nehmen, etwas verstehen« ab und kann auch durch das Wort »Information« ersetzt werden.

Das ab 1826 zu Coburg gehörende Königsberg war schon sehr lange eine Exklave. Die Zuordnung des Geburtsortes von Regiomontanus liest sich daher wie folgt: Sachsen-Weimar, Sachsen-Gotha, Sachsen-Römhild, Sachsen-Hildburghausen und zu guter Letzt Sachsen-Coburg-Gotha. Da wurden unter den sächsischen Herzögen und Fürsten immer mal wieder Ländereien getauscht, im Todesfall unter den Erben neu aufgeteilt, durch geschickte Verhandlungen das Beste herausgeholt oder aus geografischen Gesichtspunkten sinnvoll neu geordnet.

Eigentlich beruhigend zu wissen, dass es den Amtsboten nicht schon gab, als Königsberg noch zu Weimar oder Gotha gehörte. Die Strecke wäre um ein Vielfaches länger und über den Thüringer Wald auch beschwerlicher gewesen.

Adresse Start- oder Endpunkt ist die Burg Königsberg, Am Schlossberg, 97486 Königsberg in Bayern, www.wandern-im-coburger-land.de/amtsbotenweg | **Anfahrt** B 303 Richtung Schweinfurt, Abfahrt Königsberg | **Tipp** Der »Silbersee« in der Dorfmitte von Leuzendorf hat seinen Spitznamen nicht wegen seiner so schön spiegelnden Oberfläche, sondern vom neuen Edelstahlgeländer. Typisch fränkischer Humor. Sehenswert ist das Postkartenidyll mit der entzückenden Kirche St. Michael an der Nordseite des Sees aber natürlich trotzdem.

66 Das Glockenspiel

Kriegstreiber verfolgt Astronomen

Königsberg kann man getrost als Perle deutscher Fachwerkskunst bezeichnen. Das Kleinod am Westrand der Haßberge besitzt mit dem Marktplatz und dem Salzmarkt einen Ortsmittelpunkt, der nicht besser gewählt sein könnte. Die mächtige Marienkirche nebenan, die Ruine der Stauferburg in Sichtweite, enge Gassen und Kopfsteinpflaster, Türme und Tore. Viel erinnert außerdem an Johannes Müller, einen der größten Astronomen seiner Zeit, post mortem bezeichnet als Regiomontanus, also der Königsberger. Sein Geburtshaus ist hier zu sehen, eine Statue auf dem Marktplatz ebenso.

Wer den Kopf in den Nacken legt, kann ihn ebenfalls bewundern. Zumindest ab und zu. Ein Glockenspiel ziert seit 1980 das Rathausdach. Natürlich ist Müller derjenige, der zuerst zu sehen ist, wenn die Musik zu spielen beginnt und sich die kleinen Türen öffnen. Ob er sich dort so richtig wohlfühlt, ist aber zu bezweifeln. Denn direkt hinter ihm tritt Tilly, oberster Heerführer der katholischen Liga im Dreißigjährigen Krieg, nach vorn und ist dem berühmten Sohn der Stadt dicht auf den Fersen. Der Feldherr steht für die Belagerung, Plünderung und den großen Stadtbrand, durch den Königsberg seine einstmals große Bedeutung verlor. Ihm folgt ein weiterer Generaloberst. Reichsgraf Friedrich Heinrich von Seckendorff kam 1673 oben auf der Burg zur Welt und brachte es bis zum kaiserlichen Feldmarschall. Kriege waren schon immer des einen Leid, des anderen Freud. Dem einen jubelten die Bewohner zu, den anderen hassten sie. Mit dem Roland, als Sinnbild für den Kampf der Städte für eine eigene Gerichtsbarkeit und besondere Privilegien, endet der bunte Reigen, der jeder Figur auch eine passende Melodie zuordnet. Das musikalische Vorspiel erinnert an eine weitere Persönlichkeit der Stadt: Der spätere Hofkapellmeister Briegel schuf nicht nur dieses Stück, sondern komponierte viele weitere evangelische Kirchenlieder.

Adresse Marktplatz 7, 97486 Königsberg in Bayern | **Anfahrt** B 303 Richtung Schweinfurt, Abfahrt Königsberg | **Öffnungszeiten** Das Glockenspiel ist von Mitte März bis Ende November um 11.30 Uhr und 15.30 Uhr zu sehen und zu hören. | **Tipp** Mit der Rolandstatue, einer Sandsteinfigur aus dem Jahre 1605, rechts an der Ecke des Königsberger Rathauses steht hier die südlichste Skulptur dieser Art in Deutschland.

67 Die Lichtbrücke

Integral und illuminiert

Wer die Autobahn zwischen Lichtenfels und Coburg befährt, hat sie auf jeden Fall schon gesehen: die Bogenfachwerkbrücke in 19 Metern Höhe, unter der man zumeist mit 120 Stundenkilometern hindurchdüst. Kaum jemand weiß, dass es sich um eine Besonderheit handelt. Die 2008 fertiggestellte Überführung ist vollständig verschweißt. Diese integrale Fertigungsmethode besitzt in Deutschland Modellcharakter. Überhaupt wird die A 73 von Erfurt bis Bamberg von Fachleuten als »Lehrpfad für Brückenbauer« bezeichnet. Das Problem ist nur: Wer die Bauten sehen will, muss immer wieder runter von der Autobahn oder fährt wohl am besten parallel an der Neubaustrecke entlang. Im Fachchinesisch heißt es übrigens zur Köstener Brücke: »Die Rohrfachwerkknoten der Verbundbrücke wurden ohne Verwendung von Stahlgussteilen geschweißt ausgeführt.« »An einem Stück« trifft es genauso gut.

Das Lichtkonzept der 100 Meter langen Konstruktion am Übergang zwischen hügeligem Coburger Land und dem breiten Obermaintal kann man, muss man aber nicht als Modeerscheinung bezeichnen. Hier wird dem abendlichen Verkehr ein kleines Schmankerl mitgegeben: 26 Strahler, kaltweiß, als Gegenpol zu den mit warmem Licht beschienenen Sehenswürdigkeiten Vierzehnheiligen und Kloster Banz. Die Beleuchtung einer die Autobahn querenden Brücke gab es zuvor deutschlandweit noch nicht. Der Fahrzeuginsasse hat dank der exponierten Lage reichlich Zeit, das Lichtkunstwerk auf sich wirken zu lassen. Wie es sich für Deutschland gehört, konnte ein solches Vorhaben natürlich nicht ohne zahlreiche Studien vonstattengehen. Denn womöglich könnte der Fahrer abgelenkt sein. Oder, noch schlimmer, geblendet werden. Farbkontraste galt es natürlich auch zu vermeiden. So kam es dann, in Zusammenarbeit mit der Coburger Hochschule und unter Berücksichtigung aller Sicherheitsanforderungen, zu der Beleuchtung der Brücke in der jetzigen Form.

Adresse LIF 2, 96215 Lichtenfels-Kösten | Anfahrt A 73 Ausfahrt 12 Lichtenfels Nord, Richtung Kloster Banz | Tipp Im Sommer zieht es viele an die zahlreichen Seen am Main entlang. Der Ostsee von Bad Staffelstein und der Ebensfelder Badesee erhielten bereits zweimal die »blaue Flagge« für vorbildliche Umweltbedingungen.

68 Der Nabel der Stadt

Jedem Viertel (s)ein Meister

Das 16. und 17. Jahrhundert waren geprägt von Kriegen, Leid und Elend. Es galt, die Einwohner, die von den Belagerungen und Hungersnöten gepeinigt wurden, auf eine gemeinsame Linie einzuschwören und die Stadtmauern zu sichern.

In Kronach gab es daher die sogenannten Viertelmeister, die die Sorgen und Nöte ihrer Bewohner täglich vor Augen hatten. Sie kümmerten sich als direkte Untergebene des Bürgermeisters unter anderem um die Prüfung des Biers und die Reinhaltung der Lebensmittel, die Bücher, die Finanzen, vorrangig aber darum, dass die Tore bewacht und die Bewohner verteidigungsfähig waren. Ein wahrhaft verantwortungsvoller Posten. Jedes der Viertel besitzt nun ob seiner besonderen Eigenschaften ein eigenes Wappen. Das Fass im ersten Viertel steht für den Handel und die Brauhäuser. Das steinerne Mauerwerk im zweiten Viertel verdeutlicht, dass hier der älteste und höchste Turm der Stadt stand. Im dritten Viertel sind Waage und Schwert zu sehen, Justitia war hier zu Hause und kümmerte sich um alle, die es mit dem Gesetz nicht ganz so ernst nahmen. Im letzten Viertel herrschte der größte Wohlstand, hier wohnten die angesehenen Bürger und adeligen Familien, symbolisiert durch den Geldbeutel.

Der Schnittpunkt aller Viertel, zentral in der oberen Stadt neben dem damaligen Rathaus in der dortigen Feuerreihe gelegen, besitzt nun seit 2003 eine schicke in den Boden eingelassene Platte.

»Umbilicus urbis«, steht dort geschrieben. Lateinisch für »der Nabel der Stadt«. Bitte nicht über das »fünfte Viertel« auf dem Stein wundern: Hier befand sich der Kirchenbezirk, ein eigenständiges Territorium der Geistlichkeit, in dem natürlich kein Bürgerlicher das Sagen hatte.

Seit einigen Jahren werden die Viertelmeister wieder gewählt. Die heutigen Aufgaben sind eher repräsentativer Art. Außerdem wird das historische Stadtfest mitorganisiert. Und sicherlich auch weiterhin das Bier probiert.

Adresse Amtsgerichtsstraße, 96317 Kronach | **Anfahrt** B 303 und B 173 bis Kronach, der Beschilderung in die Innenstadt folgen | **Tipp** Die Rosenberg Festspiele in den Sommermonaten bieten unvergessliche Theaterabende in historischem Rahmen. Gespielt wurden bereits Stücke wie »Kabale und Liebe«, »Macbeth«, »Faust« und »Ein Sommernachtstraum«. www.rosenbergfestspiele.de

69 Der Plessi-Turm

Feuer und Wasser vereint

Zehn Meter ragt er in die Höhe. Unter seinem tatsächlichen Namen »Waterfire« ist der Turm aber nur den wenigsten bekannt. Die zur Landesgartenschau 2002 von der Loewe AG geplante und gemeinsam mit dem venezianischen Künstler Fabrizio Plessi umgesetzte Installation gilt als erste Videoskulptur unter freiem Himmel weltweit und steht einerseits für das Moderne, aber auch für die Vergänglichkeit der Technik.

Das Gehäuse besteht aus rostpatiniertem Stahl. In der Mitte sind 15 Bildschirme auf beiden Seiten übereinandermontiert. Richtung Stadt ist eine riesige Feuersäule zu sehen, die emporlodert und die Funken fliegen lässt, während von der Promenade aus ein hinabstürzender Wasserfall das Auge verzückt. Obendrein erfolgt eine akustische Unterstützung, die das Wasser und Feuer noch realistischer erscheinen lässt. Das Gegensätzliche verstärkt die Kontraste der beiden Naturgewalten und markiert mit dem Plessi-Turm den Übergang. Die Altstadt mit dem historischen Kronach gen Norden. Die moderne, neu gestaltete Landschaft an der Mündung der beiden Flüsse Haßlach und Rodach, die den nach Lichtenfels bevölkerungsmäßig kleinsten Landkreis Bayerns durchfließen, im Süden.

Im Inneren des Gebildes werden regelmäßig Luftfeuchtigkeit und Temperatur gemessen, damit im Notfall rechtzeitig ein Techniker einschreiten kann. Denn für Ersatz bei Defekt kann nicht mehr ewig gesorgt werden. Es handelt sich nämlich ausschließlich um Röhrenfernseher, die durch ihre Wölbung dem Kunstwerk zwar einerseits mehr Tiefe geben, andererseits aber auch irgendwann das erzwungene Ende des Turms bedeuten. Bleibt zu hoffen, dass der Künstler damit einverstanden sein wird, wenn hier vielleicht irgendwann die neueste Generation Fernsehtechnik eingebaut wird. Der Bildqualität wird es nicht schaden. Ob sich der Turm auf 16:9-Format umbauen lässt, steht wiederum auf einem anderen Blatt.

Adresse Pfählangerstraße, 96317 Kronach | Anfahrt B 303 und B 173 bis Kronach, links in die Kulmbacher Straße und dann in die Pfählangerstraße | Öffnungszeiten Die Bildschirme sind von 17–20 Uhr (Winter) und 20–23 Uhr (Sommer) in Betrieb. | Tipp 30 Bronzetafeln erinnern gleich nebenan an 1.000 Jahre Kronach und die geschichtsträchtigsten Ereignisse.

70 Die Sandsteine

Kronach ist eigentlich überall

Kronach ist eine Bierstadt. Das Schmäußbräu bei der Kaiserhof ist besonders süffig und lecker und die Kunigundenmaß mit 1 1/8 Liter bei unverändertem Preis die fränkische Antwort auf die steigenden Biertarife im Süden des Freistaats. Der größte Exportschlager der Lucas-Cranach-Stadt ist aber der Sandstein! Überrascht? Zweifel ob dieser eher ungewöhnlichen Feststellung? Diese These lässt sich leicht »untermauern«.

Die Festung Rosenberg, eine der größten erhaltenen Burganlagen Deutschlands, gilt als barocker Vorzeigebau mit imposanten, teils 25 Meter hohen Sandsteinmauern. Jedem einzelnen Stein wohnt die Geschichte der Steinbrüche im Umkreis inne. Im Westen und Südosten Kronachs existierten gleich mehrere dutzend davon. Der sogenannte Buntsandstein mit einer Farbpalette vom klaren Weiß über gelbliches Grau bis zum Rotbraunen dominierte und faszinierte nicht nur die Bauherren in der Umgebung. Europaweit hatte er einen guten Ruf. Die Planer des »bayerischen Versailles« Herrenchiemsee orderten riesige Steinmengen, die mit der Bahn nach Prien und von dort tagelang auf Schiffe verladen und auf die Herreninsel transportiert wurden.

Weitere Referenzen sind der Reichstag in Berlin, das Mitwitzer Wasserschloss, bayerische und thüringische Kirchen sowie Bahnhöfe und Postgebäude in Oberfranken und Oberbayern. Auch der Kieler Hafen und das Bad Stebener Kurhaus bestehen unter anderem aus dem feinkörnigen Gestein des südlichen Frankenwaldes.

Die unheimlich großen Ressourcen des quarzhaltigen Baustoffs ließen einen Boom bis ins 20. Jahrhundert zu, bevor das »Betonzeitalter« mit seinen Einheitsbauten der 1970er Jahre gnadenlos zuschlug. In der Sandsteinwerkstatt auf der Festung Rosenberg kann übrigens jeder Hand anlegen. Der Bildhauer Heinrich Schreiber lehrt den Umgang mit Bossierhammer und Klüpfel. Vielleicht zeigt sich da ja dem einen oder anderen ein bisher unentdecktes Talent.

Adresse Festungsberg, 96317 Kronach | **Anfahrt** B 303 und B 85 bis Kronach, vor Ort der Beschilderung Richtung Festung folgen | **Tipp** Mit Maximilian von Welsch kam in Kronach ein großer Barockbaumeister zur Welt, der an der Entstehung der Zitadelle Petersberg in Erfurt, der Würzburger Residenz und zahlreicher Gebäude in Mainz, wo er auch starb, beteiligt war. Sein Geburtshaus in der Strauer Straße kann heute als Ferienwohnung gemietet werden.

71 Die Fischbachsmühle

Von der Holz- zur Pralinenwerkstatt

Jedes noch so kleine Dorf besaß früher eine Mühle. Bedarf an Gemahlenem bestand immer. Die klassische Getreidemühle, die Pulvermühle zur Herstellung von Schießpulver, die Lohmühle zum Gerben von Leder und so weiter. Alle wurden von Müllern bewohnt und bedient. Die Mühlräder bewegten sich mit Wasser- oder Windkraft, durch Tiere oder von Menschenhand unterstützt.

In Lauenstein handelte es sich laut ersten Aufzeichnungen um eine Schneidmühle, vereinfacht gesagt um ein Sägewerk. Einige Jahrzehnte später, Mitte des 18. Jahrhunderts, wird sie erstmals unter dem Begriff »Öl- und Mahlmühle« geführt, also noch immer zur groben Zerkleinerung verschiedener Materialien genutzt. Der Fortschritt machte auch vor dem Bauwerk an der Loquitz, einem Nebenfluss der Saale, nicht halt. Der Neubau eines Wohnhauses, die Modernisierung und Erweiterung, das alles geschah noch immer im Familienbesitz der alteingesessenen Familie Müller. Erst infolge der Weltwirtschaftskrise, nach über 250 Jahren, ging die Mühle zwischen den beiden Weltkriegen in Konkurs. Just zu einem Zeitpunkt, als sie als besonders fortschrittlich galt.

In den 1950er Jahren nochmals kurzzeitig als Mahlwerk genutzt, ging das Gebäude nach der Heirat der Müllerstochter 1965 in die Hände ihres Mannes, eines Berliner Konfektmachers, über. Mit der »Pralinenboy« GmbH eröffnete nun ein Süßwarengeschäft in den historischen Gemäuern. Der Durchbruch zur weltbekannten Marke gelang aber erst in den 1990er Jahren nach der Umbenennung in »Confiserie Burg Lauenstein«. Der Werksverkauf mit der gläsernen Manufaktur ist ein Paradies für alle Pralinenfans. Mit dem Spruch »Solange Kakaobohnen an Bäumen wachsen, ist Schokolade für mich Obst« können sich alle trösten, die den Werksverkauf in der alten Mühle mit reichlich Süßem wieder verlassen. Kostenlos als Zugabe gibt es den verführerischen Duft der Schokolade und der edlen Gewürze.

Adresse Lauensteinerstraße 41, 96337 Ludwigsstadt-Lauenstein, www.lauensteiner.de | **Anfahrt** B 303 bis Kronach, B 85 Richtung Saalfeld, Lauenstein passieren und nach rund 1,5 Kilometern rechts abbiegen | **Öffnungszeiten** Mo–Fr 9–18 Uhr, Sa 10–17 Uhr, So und Feiertage 12.30–18 Uhr | **Tipp** Die Burg Lauenstein bietet einen herrlichen Blick über den Frankenwald. Der Märchenpfad durch den nördlichsten Zipfel Frankens mit einer Länge von 4,5 Kilometern startet am Wanderparkplatz und klärt den Wanderer unter anderem darüber auf, weshalb der Begriff »Mantelburg« entstanden ist.

72 Der Oertelsbruch

Ein verlassenes Dorf, sich selbst überlassen

Im Süden Thüringens befand sich einst eine der größten Tagebaustätten Europas, die erst nach der Wiedervereinigung Deutschlands aufgegeben wurde. Mitten im Wald stehen noch heute mehr als ein Dutzend Gebäude. Man stelle sich vor, dass hier früher einige hundert Menschen gelebt, gearbeitet und ihre Spuren hinterlassen haben. Doch vergangen ist vergangen. Das verlassene Dorf am Oertelsbruch kommt heutzutage sehr düster daher. Der Großteil der Grubenanlagen und der Ort selbst mit einer Vielzahl von mit Schiefer verkleideten Wohnhäusern, einer großen Bildungsstätte und alten Villa verschwinden immer tiefer im Dickicht der Geschichte. Und des Waldes. Die Gebäude haben allesamt einen morbiden Charme. Marode Decken, tiefe Schächte, bereits eingestürzte Dächer und abgebrannte Hütten sind Zeugen einer ereignisreichen Vergangenheit und des stetigen Verfalls. Das Betreten des Areals wird mittlerweile nach einigen hundert Metern an der Einfahrtsstraße wegen Privatbesitz untersagt. Die ersten Gebäude direkt nach der Abfahrt von der Hauptstraße sind aber weiterhin zu erreichen und von außen zu bestaunen.

Einige Stühle und Sessel stehen noch herum, auf dem Tisch daneben liegt eine alte Zeitung, als ob hier gerade noch jemand gesessen hätte. Die Atmosphäre dieses »Lost Place«, zwischen alten Pin-up-Girls, rostigen Heizkörpern und großen Lagerhallen, zwischen Graffiti, sich lösenden Tapetenresten und Treppengeländern ohne Stufen, ist einzigartig. Anscheinend finden hier sogar ab und zu noch Fotoshootings und Videodrehs statt, die Kulisse verblüfft immer wieder aufs Neue.

Die Gedenkstätte »Laura« nordöstlich des Bruches Richtung Schmiedebach erinnert an die »Hölle am Schieferberg« während des Zweiten Weltkriegs. In dieser Zeit wurden Zwangsarbeiter in einem Außenlager des KZs Buchenwald eingesetzt, um hier im Oertelsbruch Triebwerke für V2-Raketen zu bauen und zu erproben.

Adresse L 1097, 07349 Lehesten-Gloppenbach | Anfahrt B 303 bis Kronach, B 85 Richtung Saalfeld, in Steinbach am Wald im Kreisel die erste rechts bis Lehesten, in Lehesten dann Richtung Schmiedebach halten, links Richtung »Schiefergrube« abbiegen | Tipp In der Kirche St. Ägidien in Lehesten befindet sich die vermutlich größte in einem Stück gehauene Schiefertafel der Welt (rund 3 auf 2,5 Meter) aus dem Jahr 1872, die als Gedenktafel an gefallene Soldaten erinnert. Auch der Altar, das Kruzifix und das Taufbecken der Kirche sind aus Schiefer.

73_Der Schieferpark

Dächer voller blauem Gold

Im Thüringer Schiefergebirge dreht sich fast alles um das namensgebende Gestein. Südwestlich von Lehesten befindet sich der Schieferpark. Das Schieferbergbaumuseum thront auf bizarren Gesteinsformationen, zu deren Füßen das ehemalige Areal des Tagebaus liegt, und erzählt die Geschichte des Staatsbruchs, die mindestens bis ins 15. Jahrhundert zurückreicht.

2008 flutete man das bisherige Abbaugebiet, eine über 40 Meter tiefe Grube, und funktionierte sie zum Schiefersee um. Die europaweit einzigartige noch im Original erhaltene Pferdegöpelanlage am technischen Denkmal ist eine Kraftmaschine, die den abgebauten Schiefer mit Hilfe der Tiere nach oben beförderte. Mit ihrem Schacht und dem Schornstein wohl das auffälligste Bauwerk auf dem Gelände, kann sie auch von innen besichtigt werden. Daneben steht ein Modelldorf der Dachdeckerschule Lehesten, eine der ältesten in Deutschland, in dem die verschiedenen Deckweisen mit Schiefer veranschaulicht werden. In der Spalthütte zeigt sich, welchen Tätigkeiten die Arbeiter früher nachgingen. Denn bis zur fertigen Schiefertafel gab es zahlreiche Arbeitsschritte. Die Gewinnung und Förderung standen vor der Verarbeitung, dem Spalten, Zuschneiden und Veredeln des Schiefers. Er wird nicht umsonst als »blaues Gold« bezeichnet. Die Region verdankt ihm immerhin zahlreiche Blütejahre.

Noch heute zeigen sich viele Häuser im Thüringer Wald nicht nur auf dem Dach, sondern auch an den Fassaden mit dem umfangreich bearbeiteten Tonstein verkleidet. Kaum vorstellbar, dass Schiefer in einem frühen Erdzeitalter entstand, als sich Nordafrika an der Stelle des heutigen Südpols befand, Mitteleuropa somit gleich nebenan. Das Land wanderte erst im Laufe von Millionen von Jahren immer weiter gen Norden. Dorthin, wo wir jetzt leben. Im Winter sollte man daher wohl nicht mehr von arktischen, sondern von antarktischen Temperaturen sprechen.

Adresse Staatsbruch 1, 07349 Lehesten, www.schiefer-denkmal-lehesten.de, Tel. 036653/26270 | **Anfahrt** B 303 bis Kronach, B 85 Richtung Saalfeld, in Steinbach am Wald im Kreisel die erste rechts Richtung Lehesten, vor Lehesten »Technisches Denkmal« ausgeschildert | **Öffnungszeiten** April–Okt. Di–Fr 10–13 Uhr, Sa, So 10.30–14 Uhr | **Tipp** Im Trogenbachtal bei Ludwigsstadt existiert ein weiterer Bruch mit schroffen Felsformationen. Die Besonderheit ist die Reihenfolge: Hier liegen die älteren Gesteinsschichten über den jüngeren, da die Schichtfalten übergekippt sind.

74__Das fehlende Gleis

Wo ist es nur geblieben?

Wer das denkmalgeschützte Bahnhofsgebäude in Lichtenfels durchschreitet und den An- und Abfahrtsplan aufmerksam studiert, wundert sich vielleicht, warum kein Zug auf Gleis 4 ankommt oder abfährt. Ein paar Meter weiter, an den Gleisen, klärt sich die Angelegenheit auf: Es gibt gar keins! Die Gleise 1 und 2 sind über den ersten, die Gleise 3 und 5 über den zweiten Aufgang erreichbar. Konnte da jemand nicht zählen? Oder sind die Lichtenfelser abergläubisch?

Die Tetraphobie ist ja in China, Japan & Co. besonders ausgeprägt und führt gar dazu, dass alle Stockwerke mit einer 4 einfach übersprungen werden und es im Restaurant keine entsprechenden Tischnummern gibt. Entweder folgt auf die 3 die 5, oder aber es existiert eine 3A. In Wolkenkratzern in Hongkong gelangt man vom 39. direkt ins 50. Stockwerk. Kinder sollen tunlichst nicht am 4., 14. oder 24. auf die Welt kommen und auch nicht zwischen 3.59 und 5 Uhr. Schräg, oder?

Nun war der Architekt des Lichtenfelser Bahnhofs kein Asiate, und das fehlende Gleis hat einen ganz einfachen Grund. Zwischen den Gleisen 1 und 2 existierte schon immer ein Bahnsteig, hier kamen seit jeher die Fernzüge an. Die dahinterliegenden Gleise hingegen waren nur für Nahverkehrszüge »konzipiert« und lagen nahezu nebeneinander. Dazwischen gab es nur einen engen Trampelpfad. Mit dem Ausbau des Bahnhofs und dem Aufstieg zum ICE-Haltepunkt war eine neue, breite Plattform notwendig. Daher wurde das Gleis 4 einfach überbaut. Problem gelöst. Warum die Gleisziffern nicht korrigiert wurden? Der Aufwand, alle Nummerierungen an den Strecken zu ändern und im Spurplan der Deutschen Bahn zu berücksichtigen, wäre schlicht zu groß gewesen. Effizienz vor Logik. In Bamberg fehlt übrigens Gleis 7. In Nürnberg sucht man die Treppen zu den Gleisen 10 und 11 vergebens, dort aber, weil es sich um reine Durchfahrtsgleise handelt.

Adresse Bahnhof, 96215 Lichtenfels | **ÖPNV** Regionalverkehr, Haltestelle Lichtenfels | **Anfahrt** A 73 Ausfahrt 13 Lichtenfels, der Beschilderung Richtung Bahnhof folgen | **Tipp** In Isling befindet sich eine alte Tanzlinde, die 2015 von den Zuschauern des Bayerischen Rundfunks zum »Baum der Bayern« gekürt wurde. Die obere Etage darf aber nicht mehr als Tanzfläche oder Bühne genutzt werden, da es Sicherheitsbedenken gibt.

75_Der Präsentkorb

Wenn es einem gefällt, einen Korb zu bekommen

Sicherlich hat jeder schon mal einen Korb bekommen. Wo der wohl produziert wurde? Recht wahrscheinlich am Obermain. Wer durch die Innenstadt der »Korbstadt« schlendert, kann ihn nicht übersehen: Vor dem Rathaus steht, immer aufwendig bepflanzt, der größte Präsentkorb der Welt. Der kleinste Korb der Welt wird mit Lupe, Pinzette und winzigen Nadeln gefertigt und ist in der Tourist-Info ausgestellt.

Wie es zu der bedeutsamen Korbmachertradition kam, die auch Ursprung der vielen Kinderwagen- und Möbelhersteller in dieser Region ist? Die Lage an einem breiten Fluss mit immer wiederkehrenden Überschwemmungen in den breiten Mainauen bot ein perfektes Terrain für das Wachstum der Weide, aus der die Körbe hergestellt werden. Im 18. Jahrhundert entstand daher mit dem Flechthandwerk neben der Landwirtschaft ein zweites Standbein.

Der Korbmarkt, auch »Flechtkulturfestival« genannt, lockt Mitte September einige zehntausend Besucher an. Die einzige deutsche und somit »staatliche Berufsschule« für Flechtwerkgestaltung (gegründet 1904 als Königliche Fachschule) befindet sich ebenfalls hier. Lichtenfels selbst war aber gar nicht der Herstellungsort, sondern vielmehr der Umschlagplatz für die fertigen Waren, die von hier aus in die ganze Welt verschifft oder nach dem Anschluss an die Werrabahn mit Zügen transportiert wurden. Die bedeutendsten Korbmacherdörfer waren Schwürbitz, Weidhausen, Marktzeuln und Michelau. In Michelau befindet sich auch das deutsche Korbmuseum. In einer umfangreichen Ausstellung werden zahlreiche Flechttechniken, die Herkunftsstätten und Erzeugnisse vorgestellt. Die wohl auffälligsten Stücke sind ein Heißluftballon- und ein Strandkorb.

»Der Pfad der Flechtkultur« verbindet Lichtenfels, Schney und Michelau miteinander. Auf einer Länge von 14 Kilometern werden alle Arbeitsschritte rund um das geflochtene Behältnis gelungen miteinander »verknüpft« und präsentiert.

Adresse Marktplatz, 96215 Lichtenfels | ÖPNV Regionalverkehr, Haltestelle Lichtenfels | Anfahrt A 73 Ausfahrt 12 Lichtenfels Nord oder 13 Lichtenfels, Richtung Innenstadt | Tipp Man beachte den kleinen, aber feinen Unterschied: In Almerswind im Süden Thüringens steht die größte Korbvase der Welt.

76_Der Von-Scheffel-Blick

Wandergeselle und verwirrter Dichter

Von der »Hohen Eller« hinter Vierzehnheiligen etwas unterhalb des Gipfels bietet sich dem Wanderer der »Von-Scheffel-Blick«: Der dichte Wald lässt einen trichterförmigen Blick in den herrlichen Gottesgarten zu.

»Zum heil'gen Veit von Staffelstein komm ich emporstiegen« heißt es in der vierten Strophe des »Frankenlieds«. Victor (noch ohne von, da erst einige Jahre später geadelt) Scheffel schrieb dieses Stück 1859. Das Obermaintal war des passionierten Wanderers zweite Heimat. Doch der Karlsruher stiftete mit der oben zitierten Textzeile eher Verwirrung. Den heil'gen Veit oberhalb von Staffelstein sucht der Ausflügler nämlich vergebens.

Der Staffelberg als Hochplateau mit der Adelgundiskapelle ist der berühmteste Berg Frankens, ja sogar der bekannteste am Main entlang. Bei den »Staffeln« handelt es sich um die deutlich sichtbaren Geländestufen, die der Anhöhe ihr unverwechselbares Antlitz verleihen. Zu seinen Füßen liegt der Kurort Bad Staffelstein. Der Ansberg wenige Kilometer südlich ist wiederum der Hausberg von Ebensfeld. Auf ihm thront die eigentlich auf dem Staffelberg vermutete St.-Veits-Kapelle, ein wunderbarer Ort, das Kirchlein fest umschlungen von einer Lindengruppe, die als die größte Europas gilt. Wie eine Krone auf der sanft ansteigenden Hügelkuppe.

Wir schieben die Veit'sche Verwirrung einfach mal darauf, dass er kein Einheimischer war, und gönnen es beiden Orten, dass sie für sich reklamieren können, in seinem Werk erwähnt zu werden.

Es gibt aber auch noch eine »alternative Erklärung«: Zu jener Zeit wohnte auf dem Staffelberg ein Eremit. In den nächsten beiden Strophen beschreibt von Scheffel ihn als »Einsiedelmann«, den er gern besuchte, um mit ihm den gut gefüllten Weinkeller zu plündern. Wäre dann aber wohl doch übertrieben, wenn er mit etwas Rebensaft intus den armen Sonderling dank seines Alkoholvorrates gleich zum Heiligen erklärt hätte.

Adresse an der LIF 10 zwischen Vierzehnheiligen und 96215 Lichtenfels-Oberlangheim | Anfahrt A 73 Ausfahrt 13 Lichtenfels, B 173 Richtung Lichtenfels, dann der Beschilderung nach Vierzehnheiligen folgen. Wanderwege führen von dort aus zum 1,5 Kilometer entfernten Aussichtspunkt. | Tipp Der Alte Staffelberg zwischen dem Von-Scheffel-Blick und Uetzing ist den wenigsten bekannt. Über Trampelpfade kann die zerklüftete Spitze erklommen werden.

77_Der Walfisch

Moby Dick im Felsenlabyrinth

Nein, nicht das Fürstentum in den Alpen, das sich mit »ie« schreibt. Das kleine Dorf an den östlichen Ausläufern der Haßberge ist hier gemeint. Der Ortsteil von Pfarrweisach hat einiges rund um die Ruine mit gleichem Namen zu bieten. Die einstige Nordburg wurde dem Verfall preisgegeben, während die Südburg erhalten blieb und noch heute bewohnt wird. Der alte Burghof, die ehemaligen Lagerkeller und der auf einem Felsklotz erbaute Hauptturm zeugen von den einstigen Dimensionen. Über dem Talgrund der Weisach gelegen, bietet sich ein herrlicher Blick in die Haßberge.

Unterhalb befindet sich ein abwechslungsreiches Felsenlabyrinth. Auf einem Privatweg des Schlossherrn geht es an vielfältigen Gesteinsformationen vorbei. Die aufgestellten Tafeln bieten bebilderte Informationen. Da werden Sagen erwähnt, Heilkräuter vorgestellt, aber auch tatsächliche Gegebenheiten aus dem finsteren Mittelalter erläutert. Der 800 Meter lange Pfad fügt sich perfekt in die Landschaft ein. Mittendrin ein Wal. Ohne Wasser konnte er anscheinend nicht überleben. Daher liegt er hier und macht keinen Mucks. Moby Dick zu Stein erstarrt? Die Form des haushohen Felsens ist tatsächlich einem Meeressäuger sehr ähnlich. Erst mit etwas Abstand zeigt sich seine volle Pracht. Die kleinen Löcher rühren auch nicht von Käpt'n Ahabs Harpunenbeschuss her. Es handelt sich um sogenannte Wabenverwitterungen, die auf der Schautafel näher erklärt werden.

Ein Abstecher zum Teufelsstein mit zusätzlichen 500 Metern Fußweg lohnt sich auf jeden Fall. Zahlreiche Geschichten ranken sich um den beeindruckenden Felsen, der über eine Steintreppe erklommen werden kann. Aber keine Angst vor dem Wächter, einem Schreckgesicht aus dem 12. Jahrhundert, das sich direkt am Aufstieg befindet! Die Sage um das auf dem Plateau eingeritzte Mühlebrett, das man auf jeden Fall gesehen haben sollte, gab dem Fels seinen Namen.

Adresse 96176 Pfarrweisach-Lichtenstein | Anfahrt B 4 bis Untermerzbach, St 2278 Richtung Ebern, Richtung Gereuth und der Beschilderung nach Lichtenstein folgen | Tipp Der Burgstall bei Buch einige Kilometer östlich ist ebenso eindrucksvoll: Hier sind noch alte Keller und einige Treppen zu sehen.

78 Der Landschaftspark

Die Romantiker und ihre neu entdeckte Kreativität

Das Wahrzeichen der Haßberge. Renaissance in ihrer reinsten Form. Das Schloss Bettenburg, seit vielen Jahrhunderten im Besitz eines alten Adelsgeschlechts, wurde einst das »fränkische Weimar« genannt. Christian Truchseß von Wetzhausen lud Anfang des 19. Jahrhunderts regelmäßig zahlreiche Literaturkoryphäen auf seinen Herrschaftssitz bei Hofheim ein. Philosophen, Übersetzer, Dichter und Schriftsteller aus der näheren Umgebung gaben sich hier ein Stelldichein und sinnierten über ihre eigenen Lebensgeschichten, ihre Werke und die Zukunft ihrer Zünfte. Hier gaben sich auch Jean Paul und Friedrich Rückert die Türklinke in die Hand.

Der Gastgeber selbst war ein weltoffener Freigeist. Hochdekoriert als Offizier und weit gereist, gleichzeitig mit Leidenschaft Züchter verschiedener Kirschbaumsorten, der edle Burgherr hatte viele Vorlieben und ließ sich nicht in ein bestimmtes Schema pressen.

Das beeindruckendste Projekt des Adeligen war der Bau eines Landschaftsgartens nach seiner Fasson. Am nördlichen Berghang ließ er 1789 einen Park errichten, der nicht nur ihm Zerstreuung und Abwechslung bieten sollte. Denn auch seinen Untergebenen war der Zugang zur Anlage ausdrücklich gestattet. Wer sie heute besucht, begibt sich auf eine kleine Zeitreise ins Mittelalter. 350 Meter vom Parkplatz entfernt zweigt ein kleiner, beschilderter Trampelpfad ab. Die Bauten im hügeligen Buchenwald folgen keiner Logik oder Vorgabe. Die Totenkapelle neben einem der vielen Bachläufe empfängt den Wanderer. Zahlreiche Denkmäler für die vom Burgherrn so verehrten fränkischen und rheinischen Reichsritter, auch für Götz von Berlichingen, setzen immer wieder neue Akzente. Eine künstliche Ruine an der höchsten Stelle treibt den Gedanken, Vergangenes originalgetreu darzustellen, wahrhaftig auf die Spitze. Während die Französische Revolution ihren Anfang nahm, blieb hier die Zeit einfach stehen.

Adresse Manau, 97461 Hofheim in Unterfranken, www.deutscher-burgenwinkel.de | **Anfahrt** B 303 bis Hofheim, dort dann der Beschilderung »Landschaftspark Bettenburg« beziehungsweise Bettenburg folgen, nach dem Waldstück links abbiegen (Schild »Landschaftsgarten Parkplatz«) | **Öffnungszeiten** immer geöffnet | **Tipp** Die Burgruine Altenstein bietet einen schönen Fernblick und beherbergt das Burgeninformationszentrum der Haßberge.

79__Der Generalsblick

Grünes Band und geheimer Tunnel

Zu Zeiten des Kalten Krieges erhob sich an jener Stelle ein großer Kontrollturm für die Generäle der DDR. Diese hatten den Blick vom Isaak, einem Berg westlich von Sonneberg, stets gen Westen gerichtet. Heute sieht man das »grüne Band« vor sich. Der ehemalige Todesstreifen zwischen Ost und West hatte tatsächlich auch etwas Gutes. Hier erhielt die Natur Zeit, sich ohne Rückschnitt, Bebauung oder Rodung zu entwickeln. Keine begradigten Bäche, sondern breite Flussbetten. Rückzugsort für verschiedene Tiere und perfekte Bedingungen für zahlreiche Pflanzen. Gerade deshalb sollte man bei einer Wanderung entlang der »Lebenslinie Deutschlands« die Gefahren nicht verkennen. Die alten Kolonnenwege bieten zwar nicht das klassische Feeling eines Waldweges über Stock und Stein, aber Sicherheit vor den Tretminen, die es gab und wohl noch immer gibt. Wer auf den befestigten Wegen bleibt, schützt nicht nur die besagte Tier- und Pflanzenwelt, sondern vor allem sich selbst. Ein gesunder Respekt ist geboten, da die DDR-Grenztruppen hier vor einigen Jahrzehnten Sprengfallen verteilten wie manch einer Blumensamen im heimischen Vorgarten.

Im Wald Richtung Wildenheid existierte sogar ein geheimer Tunnel auf ostdeutschem Gebiet. Heute ist davon aber nichts mehr zu sehen. Vor 1989 konnten hier zwar nicht gefahrlos, aber dank der spärlichen Grenzkontrollen der BRD in diesem Abschnitt trotzdem relativ unbeobachtet Spione in den Westen geschleust werden. Es sollen hochrangige Spitzel hier ein und aus gegangen, oder besser gesagt gekrochen sein. Durch eine etwa 40 Meter lange, enge Röhre, beidseitig mit einem kleinen Bunker getarnt. Die Geheimagenten waren auf alles vorbereitet: passende Kleidung, westdeutsche Pässe, am besten gleich eine zweite Identität. Auf keinen Fall durften sie mit der DDR in Verbindung gebracht werden, während sie ihren Auftrag, das Auskundschaften bestimmter Personen oder Einrichtungen, erfüllten.

Adresse 96528 Mengersgereuth-Hämmern | **Anfahrt** B 4 bis Neustadt bei Coburg, über Meilschnitz Richtung Effelder, auf der rechten Seite am Wanderparkplatz »Krummer Stein« parken, dem Kolonnenweg (sehr steil!) östlich zwei Kilometer folgen, an der großen Informationstafel links und die Nächste rechts | **Tipp** Der beschauliche Friedhof Hönbach wurde »schlauerweise« Ende der 1940er Jahre direkt an der Grenze angelegt. Als DDR-Bürger war immer eine offizielle Anmeldung notwendig, wenn man das Grab seiner Anverwandten besuchen wollte.

80 Die Zinselhöhle

Hier bricht die Erde auf

Wenn die »süddeutsche Scholle« vor einem liegt, heißt das nicht, dass man gleich herzhaft hineinbeißen kann. Denn man befindet sich in keinem edlen Restaurant, sondern in Meschenbach bei Rauenstein. Der vermeintliche Fisch ist nämlich tatsächlich, vereinfacht gesagt, der Untergrund von ganz Süddeutschland. Ein Stück Erdkruste mit unterschiedlichen Schichtstufen. Buntsandstein, Keuper, Muschelkalk und viele andere Gesteine bildeten vor einer Vielzahl von Millionen Jahren die »Erdrinde« unseres Heimatplaneten.

Das Thüringer Schiefergebirge ist eine separate sogenannte Hochscholle und verursacht an Ort und Stelle etwas Spektakuläres: Es durchbohrte die Kruste und hob sich um bis zu 2.000 Meter an. In die entstandenen Risse zwischen den Schollen läuft seitdem sehr weiches Quellwasser aus dem Gebirge und verursacht eine Vergrößerung der Spalten. So entstand einst diese noch immer aktive Karsthöhle mit beeindruckenden Wellenkalkformationen an den Wänden und Decken. Aktiv heißt, dass die 170 Meter lange, aber sehr enge Grotte am Retschenbach weiterhin auseinanderdriftet. Doch keine Angst, dies geschieht nur sehr langsam und ist im Prinzip kaum messbar. Im Dreißigjährigen Krieg war sie als Versteck vor spanischen Soldaten für die Bewohner der umliegenden Orte lebensnotwendig. Heute kann die Höhle nach aufwendigen Umbau- und Erschließungsarbeiten vollständig befahren werden. Befahren ist Bergmannssprache, tatsächlich durchläuft man die Höhle mit ihren zahlreichen Engstellen und damit den Bach, der hindurchfließt.

Die Führungen finden zum Schutz der Fledermäuse nur von Mai bis Oktober statt. Vor Ort erfährt man noch einiges über die Höhle und mehr über die Zinsel, kleine, fleißige Bergzwerge, die einst hier gehaust haben sollen. Der Besuch ist ein echtes Abenteuer! Gummistiefel, Helm und Grubenmantel werden gestellt. Aufmerksamkeit und Forschungsdrang sind mitzubringen.

Adresse Heiligenholz, 96528 Frankenblick-Meschenbach | **Anfahrt** A 73 Ausfahrt Eisfeld Süd, B 89 Richtung Sonneberg, in Schalkau Richtung Theuern, am Ortsende rechts, durch Rauenstein und Meschenbach, zwischen Meschenbach und Rabenäußig, Parkplatz an der Straße vorhanden | **Öffnungszeiten** Unter www.gebirgspfade.de werden Führungen und Kontaktmöglichkeiten genannt. | **Tipp** Nur zwei Kilometer nordwestlich befindet sich das Deutsche Goldmuseum in Theuern. Besonders spannend: Hier kann unter fachkundiger Anleitung Gold in den umliegenden Flüssen gewaschen werden.

81 Die Hinrichtungsstätte

Das letzte Todesurteil des Gerichts Hassenberg

Unscheinbar und kaum beachtet am westlichen Ufer der Steinach gelegen, ist hier einst Historisches passiert: der Vollzug der letzten Todesstrafe in dieser Region.

Ein junger Mann namens Hoffmann wollte 1791 heiraten. Seine Eltern verweigerten ihm aber die Trauung mit der geächteten »Dirne« und zogen den Hass des eigenen Sohnes auf sich. Dieser erschlug die Eltern und türmte. Einige Tage später verhaftete man ihn in Schney auf dem Tanz, mit Blutspritzern auf dem Hemd.

Das Gerichtsurteil war schnell gefällt. Das Rädern galt damals als der qualvollste Tod. Mit einem kleinen Rad wurden die Knochen des Verurteilten einzeln gebrochen. Man begann an den Füßen und arbeitete sich nach oben. Der Gnadenstoß blieb dem Scharfrichter überlassen. Mit einem gezielten Schlag auf Hals oder Herz wäre die Prozedur sofort beendet gewesen.

Nach dem ersten »Akt« wurde der geschundene, aber noch lebendige Körper auf ein Rad gebunden. Die gebrochenen Knochen machten es möglich. Das Rad wurde aufgestellt, und der Todgeweihte dem Wetter und den Tieren überlassen oder durchs Dorf gerollt. Die Auferstehung, die dem kirchlichen Glauben nach einem bestatteten Körper widerfährt, sollte durch diese Todesart verhindert werden.

Das bei Mitwitz angewandte »symbolische« Rädern verkürzte das Leid enorm. Hoffmann kam letztendlich auf diese Weise sogar noch recht »glimpflich« davon: Auf einem Baumstumpf liegend, schlug ihm der Henker zuerst den rechten Arm ab. Danach wurde er zum Rad geführt und sofort enthauptet. Der Kopf wurde separat auf eine Stange gesteckt und neben das Rad gestellt, dann aber nachts entwendet, nach Coburg gebracht und dort verkauft.

Der originale Eichenpfahl steht nicht mehr an Ort und Stelle. Er wird nun im Keller des Mitwitzer Rathauses aufbewahrt. Der Gedenkstein und ein nachgebautes Rad zeugen aber noch heute von längst vergangenen Zeiten.

Adresse Coburger Straße, 96268 Mitwitz | **Anfahrt** B 303 bis Beikheim, St 2208 bis Mitwitz, vor dem Ortseingang rechts parken, auf der gegenüberliegenden Seite am Fußweg 200 Meter zurücklaufen | **Tipp** Gegenüber sitzt ein aus Stein gehauener Löwe in der Felswand, der zu Ehren der Mutter des letzten Mitwitzer Schlossherrn derer »zu Würtzburg« dort 1907 aufgestellt wurde. Sie war eine gebürtige Engländerin und hieß mit Mädchennamen Lyons.

82 Die alte Eiche

1.000 Jahre sind (k)ein Klacks!

Dieser besondere Baum, einer der ältesten Deutschlands, hat viele Namen. Hüter des Feldes – da er ganz allein auf weiter Flur steht, ringsherum nur Felder und Wiesen. Tausendjährige Eiche – weil sein Alter wohl tatsächlich so hoch ist, er also schon stand, als die ersten Kreuzzüge stattfanden und Coburg das erste Mal urkundlich erwähnt wurde. Rasierpinselbaum – da er durch regelmäßigen Rückschnitt, der zu seiner Erhaltung notwendig war, eine solche Form erhielt.

Er ist aber noch viel mehr. Sogar als Beschützer von Martin Luther wurde er bereits in Szene gesetzt – im Spielfilm »Luther« sucht der Reformator gleich in der Anfangssequenz während eines Gewitters hier Schutz. Wie widersinnig eigentlich, denn »vor Eichen sollst du weichen«, sagt der Volksmund.

Doch egal, wie man diesen Veteranen mit einem Stammdurchmesser von sechs Metern nennt, es ist leider unklar, wie lange er noch erhalten bleibt. Der Baum ist innen schon seit vielen Jahrzehnten vollständig hohl. Nichtsdestotrotz wuchs der Stieleiche jedes Jahr ein vollständiges Blattkleid.

Das änderte sich aber in den letzten Jahren. Ein Teil der Krone ist bereits abgestorben und treibt nicht mehr aus. Schuld daran sind der Eichenprozessionsspinner und eine Pilzerkrankung. Eines Tages könnte der Baum ob seiner Last einfach auseinanderbrechen. Eigentlich tragisch, wenn ein Baum eine so lange Zeit überdauert und gerade zu unserer Zeit absterben wird. Zu retten ist er aber nicht mehr, das langsame Sterben hat wohl schon vor vielen Jahren begonnen.

Die große Steinbank neben dem Baum lädt dazu ein, den herrlichen Blick hinauf zu Schloss Banz oder hinunter ins Obermaintal zu genießen. Gegenüber grüßt die Adelgundiskapelle auf dem Staffelberg. Eine viel bessere Stelle hätte sich die Eiche im Rückblick gar nicht aussuchen können. Es gibt wohl kaum einen Baum, der landschaftsprägender ist als dieses Prachtexemplar.

Adresse 96231 Bad Staffelstein-Nedensdorf | **Anfahrt** B 4 Richtung Bamberg bis Gleußen, St 2204 Richtung Bad Staffelstein, kurz nach der Abzweigung nach Nedensdorf | **Tipp** Im Küpser Ortsteil Nagel steht ein Baum, der wegen seiner Größe und seines Umfangs ebenfalls beeindruckend ist. Es handelt sich um eine der massereichsten Eichen Europas.

83_Das alte Schwimmbad

Eisenbahnerkinder im späteren Sperrgebiet

Die Grube »Minna« bezeichnete das alte Bergwerk im Wald östlich von Neuhaus-Schierschnitz. Die Anlagen wurden 1911 stillgelegt und Teile davon zum Kinderkurheim des Eisenbahnerholungsvereins Erfurt umgebaut. Ganz in der Nähe entstand in den 1920er Jahren ein großes Schwimmbecken mit einem flachen und einem zwei Meter tiefen Bereich. Die größte Schwierigkeit war der Transport des Wassers, das aus dem Ort in einen Hochbehälter oberhalb des Bades gepumpt werden musste. Es gelang aber, die Erholungsanstalt aufzuwerten und den Kontakt der Besucher zu den sich ebenfalls hier tummelnden Anwohnern herzustellen.

Nach der Teilung Deutschlands betrieb man die Badeanstalt erst noch weiter. Ende der 1950er Jahre wurde diese aber geschlossen. Der Abriss des Heims geschah schon zuvor. Denn die Grenzsicherheit war gefährdet, da man sich hier direkt an der bayerisch-thüringischen Grenze befand. Ob es nun tatsächlich unterirdische Gänge in den Westen gab, die Soldaten nur Verdacht schöpften oder es sich um ein Stammtischgerücht handelte, ist unklar. Die Grenzer befürchteten aber anscheinend tatsächlich, dass es Pläne gab, einen Tunnel aus dem Keller heraus Richtung Westen zu graben.

Das Schwimmbecken in der Minnastraße lag nun bis zur Wende in der absoluten Sperrzone. Die Natur übernahm jahrzehntelang die Regie. Die Treppenstufen und der Boden – von Gras und Brennnesseln überwuchert. Die Geländer und Haltegriffe am Einstieg – verrostet und verbogen.

Trotzdem ist das alte Schwimmbad noch immer gut zu erkennen und erzählt nicht nur die Geschichte dieses Landstrichs, sondern auch seine eigene. Wie hier wohl vor 80 Jahren Kinder unbeschwert herumgetollt und im dichten Wald Verstecken gespielt haben? Wie abgelegen und ruhig sich das damalige Heim den Kindern bei ihrer Ankunft präsentierte? Wer das verwunschene Becken im Wald besucht, kann seiner Phantasie freien Lauf lassen.

Adresse Minnastraße, 96524 Neuhaus-Schierschnitz | **Anfahrt** B 4 bis Sonneberg, B 89 bis Neuhaus-Schierschnitz, links in die Minnastraße einbiegen, Fahrzeug abstellen, im Wald links halten | **Tipp** Rund um Neuhaus-Schierschnitz und Stockheim existiert ein zwölf Kilometer langer Bergbaukundepfad, der an alten Zechen, Schächten, Stollen, Gruben und Pumpstationen vorbeiführt. Einfach Hammer und Schlägel auf gelbem Grund folgen, Einstieg am alten Schwimmbad möglich.

84 Die Arche 2020

Noahs Erben im Einsatz

Wo Noah vor einigen Jahrtausenden fast auf sich allein gestellt war, im wahrhaftig biblischen Alter von 600 Jahren, packten in Neukirchen viele Menschen mit an: beim Bau einer Arche. Die nächste größere Flut wird zwar nicht gerade als Erstes das doch etwas höher gelegene Lautertal treffen. Da kann die Schneeschmelze im Thüringer Wald noch so stark sein. Aber die Idee dahinter war auch eine ganz andere. Hier ging es ums Teamwork. Die Ellenbogengesellschaft hinter sich lassen. Gemeinsam etwas schaffen. Sich auf seinen Nebenmann verlassen können. Teil des Ganzen sein. Das Kollektiv als produktiv kennenlernen. Zu viel Pathos? Nicht unbedingt.

Aller Anfang bei diesem Projekt war natürlich schwer. Doch mit zahlreichen Sponsoren und über 700 Teilnehmern in allen Altersklassen ging es an vier »Mitmachtagen« motiviert ans Werk, nachdem sich die Profis um das Fundament und das Gerüst gekümmert hatten. Es wurde lasiert, gehobelt, gebohrt und geschraubt. Alle Beteiligten hatten zweifelsfrei ganz schön was auf dem Kasten! Kein Wunder: Kasten heißt im lateinischen »Arca«, worauf der Name des berühmtesten Schiffes aus der Bibel zurückgeht. Auch der Außenbereich des Jugendhauses wurde auf Vordermann gebracht, eine Sitzgruppe für gemeinsame Abende im Freien gestaltet und einige Bäume gepflanzt.

Die Arche, in der der neue Gruppenraum der evangelischen Jugendbildungsstätte Neukirchen untergebracht ist, fällt jedem sofort ins Auge und wirkt im ersten Moment tatsächlich schwimmfähig. Drauf ankommen lassen sollte man es aber lieber nicht. Im geräumigen Inneren dominieren die bunten Holzsitze, einladend und zwanglos. Ein Kreuz ist in die Vorderwand eingearbeitet und symbolisiert die Besinnung auf die christlichen Werte. Die Lokalität wird aber auch für eine Vielzahl anderer Veranstaltungen genutzt. Hier geht es weniger um die Religion an sich. Sondern um das Miteinander.

Adresse Am Hag 13, 96486 Lautertal-Neukirchen | **Anfahrt** A 73 Ausfahrt 7 Coburg, Richtung Lautertal halten, in Neukirchen nach rechts ausgeschildert | **Tipp** Der direkt ans Gelände angrenzende Seilgarten kann mitsamt der notwendigen Kletterausrüstung für Jugendgruppen, Teambuilding-Maßnahmen oder Geburtstage gebucht werden. Geschulte Trainer unterstützen die Teilnehmer auf dem Parcours.

85 Die Schlosskirche

Willkommen im deutschen »Gretna Green«

Die Geschichte von Gretna Green, dem südlichsten Dorf Schottlands, ist schnell erzählt. Ab 1753 war in England bei Heirat von Minderjährigen eine Einwilligung der Eltern notwendig, in Schottland hingegen konnte weiterhin ab einem Alter von 14 Jahren bei Jungen und zwölf Jahren bei Mädchen der Bund fürs Leben geschlossen werden. Bis 1856 erlebte das kleine schottische Grenzdorf an der Westküste daher einen Boom, und nicht selten überschritten die Minderjährigen, verfolgt von ihren Eltern, die sie noch an der Vermählung hindern wollten, die Grenze.

In Niederfüllbach waren die Gründe etwas anders gelagert. Ein Schlossherr, der die kirchliche Obrigkeit aus Coburg nicht anerkannte und den Pfarrer nach Gutdünken walten ließ. Dieser schloss allen Vorschriften zum Trotz Ehen, die jeder andere Diener Gottes brüskiert von sich gewiesen hätte. Der Pfarrer verehelichte (fast) jeden, egal, welchen Standes und welcher Religion.

Der Schlossherr von Reitzenstein war außerdem ein »Robin Hood« der Armen und stiftete den Bettlern einmal im Jahr beträchtliche Summen. Diese trugen nach ihrem Besuch in Niederfüllbach die Kunde von der in den damaligen deutschen Landen einzigartigen Vorgehensweise des Pfarrers in ihre Heimat. Wie ein Lauffeuer breitete sich so die liberale Hochzeitspolitik der »Füllbacher« aus und kam all jenen zu Ohren, die aus verschiedensten Gründen ihre Liebe nicht offiziell machen konnten. Die Kirchenbücher aus den Jahren 1695 bis 1729 weisen daher Hochzeiten aus ganz Deutschland aus, auch zahlreiche Musketiere ließen sich hier trauen.

Der Tod des Pfarrers und die Einsetzung eines konservativen Nachfolgers beendeten die Wallfahrt der hoffnungsvollen Paare in den kleinen Ort. Nur wenige Jahre später, 1763, gab es bei der »Schlacht bei Niederfüllbach« erneut Streit mit den Coburgern, diesmal um die Gerichtsbarkeit. Auch hier konnte David über Goliath triumphieren.

Adresse Schloßstraße, 96489 Niederfüllbach | **ÖPNV** Stadtbuslinie 1 Richtung Niederfüllbach bis Endstation | **Anfahrt** B 4 Richtung Bamberg, B 303 Richtung Kronach, Abfahrt Niederfüllbach | **Tipp** Der berühmteste Bewohner des Schlosses war Leopold I., erster König der Belgier nach der Abspaltung von den Niederlanden. An ihn erinnert der Leopoldsbrunnen, in einem Waldstück südlich des Ortes gelegen.

86 Der Decca-Sender

Schiffsortung auf dem Lauterberg

Der Lauterberg ist geschmeidige 450 Kilometer von der Ostsee entfernt. Die Bedeutung des auffälligen Antennenmastes für die Schifffahrt war trotzdem einige Jahrzehnte lang enorm. 1952 wurde hier die »rote« Station der deutschen Decca-Kette, einer frühen Art der Positionsbestimmung, errichtet. Die Alliierten entwickelten dieses System im Zweiten Weltkrieg, um im maritimen Sektor den genauen Aufenthaltsort des jeweiligen Schiffes zu bestimmen. Decca-Ketten bezeichnen verschiedene Standpunkte von Sendern in einem Land, die miteinander verbunden sind. Mit Hilfe von Hyperbeln legen diese eine Art geschwungenes virtuelles Gitternetz über das Areal. Die Funkwellen der Anlagen sind aufs Genaueste miteinander synchronisiert. Sobald Schiffe, oder auch Flugzeuge auf dem Weg nach Westberlin, zur Präzisierung ihrer Lage auf deutsche Sender zugriffen, war auch der Mast auf dem Lauterberg entscheidend mit beteiligt.

Erst im Jahr 2000 ersetzte das von den Amerikanern freigegebene GPS-Signal dieses Ortungssystem. Der Sendemast in Lautertal wurde, im Gegensatz zu den anderen deutschen Standorten, nicht komplett demontiert, sondern nur von 101 auf 60 Meter verkürzt. Nun schwingen Mobilfunksignale durch den Sender. Die Fundamente der nicht mehr vorhandenen oberen Abspannseile, der sogenannten Pardunen, die die Antenne Wind und Wetter haben trotzen lassen, sind noch immer zu sehen und verdeutlichen die einstige Größe. Der Ausblick von hier oben ist außerdem gigantisch. Das 190 Hektar große Naturschutzgebiet »Lauterberg« wird regelmäßig durch einen Schäfer und seine bis zu 2.000 Schafe beweidet und soll den Magerrasen und die Hecken schützen, die auf dem nährstoffarmen Muschelkalkboden wachsen. Dabei galt der Lauterberg im Kalten Krieg noch als Gebiet, das man lieber meiden sollte. Hier befand sich ein großflächiges militärisches Übungsgelände der Amerikaner.

Adresse 96486 Lautertal-Oberlauter | **Anfahrt** A73 Ausfahrt 7 Coburg, durch Unterlauter, in Oberlauter rechts Richtung Fornbach abbiegen, Parkplatz links an der Abzweigung nach Unterwohlsbach, von dort 1,5 Kilometer Fußweg bis zum Sendemast | **Tipp** Die Lauterburg steht interessanterweise nicht auf dem Lauterberg, sondern östlich davon auf dem Spitzberg, oberhalb von Oberwohlsbach gelegen. Die Schlossruine bietet einen schönen Blick hinunter ins Itztal.

87 Die Hummelfiguren

Sammelleidenschaft »made in Germany«

Als sich Franz Goebel 1934 auf den Weg aus seiner Porzellanfabrik in Oeslau im Coburger Land nach Bad Saulgau in Oberschwaben machte, ahnte er noch nicht, was für ein wichtiges Geschäft er auf dieser Reise abschließen sollte. Die Firma Goebel bestand damals bereits über 60 Jahre als Familienbetrieb und stand für exklusive Einzelstücke und gerade in den 1920er Jahren für den gehobenen Lebensstil dieser Dekade.

Die Tinte unter dem Vertrag, mit dem Schwester Maria Innocentia Hummel aus dem Kloster Sießen die Rechte an ihren Zeichnungen freigab, war im Nachhinein Gold wert und der Durchbruch für das kleine Unternehmen. Mit den in 400 verschiedenen Varianten produzierten »Hummelfiguren« erreichte die Firma Goebel weltweite Bekanntheit. Vor allem in den Vereinigten Staaten kam eine Sammlerleidenschaft für die kleinen Geschöpfe auf, mit der keiner gerechnet hatte. In den 1990er Jahren erreichte die Unternehmensgröße mit 1.300 Mitarbeitern ihren vorübergehenden Höhepunkt.

Leider lief das Geschäft im neuen Jahrtausend im hochpreisigen Segment immer schlechter. Nach der Einstellung der Produktion und Ausgliederung in eine separate Gesellschaft und deren Insolvenz geht es aber mit der Produktion der Hummelfiguren weiter. Auch die Geschäftszahlen ziehen wieder an. Vor Ort gibt es nun zwei Werksverkäufe in Sichtweite voneinander. »Goebel« steht für Porzellan- und Geschenkartikel und besitzt auch die Rechte an zahlreichen Walt-Disney-Charakteren, die dem Zeichentrickguru höchstselbst abgekauft wurden.

»Hummel Manufaktur« produziert die kleinen, liebevoll gestalteten Skulpturen, jede einzelne ein handbemaltes Unikat. Bevor ein neues Artefakt in Serienreife geht, entscheidet übrigens ein Gremium, ob dieses auch im Sinne der Ordensschwester und Erschafferin ist. Freizügiges oder Gewagtes wird es somit nicht geben. Das Kindliche bleibt garantiert.

Adresse Hummel Manufaktur, Coburger Straße 7, 96472 Rödental, www.manufaktur-roedental.de | Anfahrt A 73 Ausfahrt 9 Richtung Rödental, direkt an der Hauptstraße | Öffnungszeiten Mo – Fr 10 – 17 Uhr, Sa 10 – 13 Uhr | Tipp In der Nähe geht es hochalpin zu: Mit der Schweizerei und der Alm gibt es in Rödental zwei gemütliche Biergärten.

88 Die Wiege der Monarchie

Warum die Queen einen falschen Namen trägt

Am 26. August 1819 erblickte auf Schloss Rosenau ein kleiner Junge das Licht der Welt und wurde auf den sperrigen Namen Franz Albrecht August Karl Emanuel getauft.

Der idyllische Schlosspark aus der Epoche der Romantik bot dem jungen Prinzen ein beschauliches Umfeld. Der Zweitgeborene wuchs heran und wurde unter dem Namen »Prinz Albert von Sachsen-Coburg-Gotha« berühmt. Seine Wiege steht noch immer in der Ausstellung des Schlosses und symbolisiert die enge Verbindung der Coburger mit Großbritannien, da er der Stammvater des britischen Königshauses ist. Heute werden dessen Mitglieder die »Windsors« genannt, nach dem gleichnamigen Schloss, einer der Hauptresidenzen des angelsächsischen Adels.

Doch wie kam es dazu, dass Georg V. 1917 den Namen einfach änderte? Als das Deutsche Reich den Briten im Ersten Weltkrieg feindlich gegenüberstand, war es dem König zuwider, einen deutschen Namen zu tragen. Seine Wahl fiel daher auf die kleine Ortschaft Windsor, in der sich sein Sommersitz befand. Noch heute würde die amtierende Queen eigentlich »Saxe-Coburg and Gotha« heißen. Denn das britische Namensrecht bestimmte den Familiennamen seit einigen Jahrhunderten immer nach dem männlichen Vorfahren. Queen Victoria war aus dem Hause Hannover. Da Prinz Albert aus dem hiesigen Herzogtum stammte, ging mit dem Tod Victorias der Name ihres Mannes auf alle Nachfahren über. Mit dem Tod der regierenden Königin Elisabeth II. wäre die Regentschaft der »Coburger« auf der Insel somit wieder Geschichte – aber auch das dann an die Macht kommende Geschlecht wäre wieder deutschstämmig. Daher wurde 1960 verfügt, dass der Familienname zukünftig immer »Mountbatten-Windsor« lauten soll. Wobei dieser aufs hessische Battenberg zurückgeht. Trotz Umbenennung und Anglisierung kommen die Briten einfach nicht von ihren überwiegend deutschen Vorfahren los.

Adresse Rosenau 1, 96472 Rödental, www.schloesser-coburg.de | **ÖPNV** Regionalzug Richtung Sonneberg, Haltestelle Rödental | **Anfahrt** A 73 Ausfahrt 9 Rödental, nach dem Gewerbegebiet links abbiegen und der Beschilderung folgen | **Öffnungszeiten** April–3. Okt. Di–So 9–18 Uhr; 4. Okt.–März Di–So 10–16 Uhr | **Tipp** Im Schlosspark steht das europäische Glasmuseum. Dort werden die Herstellung und Entwicklung des Stoffes Glas, dessen Bezeichnung vom germanischen »glasa« (das Glänzende, Schimmernde) stammt, sowie die verschiedenen Verarbeitungsmöglichkeiten veranschaulicht.

89 Menosgada

Eine der ersten Städte der Welt

Ptolemäus war ein Tausendsassa. Mathematiker, Geograf, Astronom, Astrologe und Philosoph.

Die von ihm um das Jahr 150 erstellte Übersicht des Weltalls, mit der Erde als Mittelpunkt, war bis ins Jahr 1600 das Standardwerk. Die Geographia, ein Atlas mit einer neuen Dimension an Präzision, hatte da schon mehr Hand und Fuß. Dieses Kartenwerk weist in der Mitte des heutigen Deutschlands den Ort »Menosgada« aus. Die genaue Lage war lange unklar. Doch Ausgrabungen auf dem Staffelberg in den 1970er Jahren förderten zahlreiche Keramik- und Waffenfunde zutage. Eine anatolische Münze, die etwa 2.200 Jahre alt ist, zeugt bereits von damaligen Handelsbeziehungen ins weit entfernte östliche Mittelmeer. Daher gehen die Historiker davon aus, dass sich eine der größten Ansiedlungen der damaligen Welt, »Stadt über dem Maintal« genannt, hoch oben über dem heutigen Kurort befand.

Ein Stück rekonstruierte Mauer, in Blickweite die Wallfahrtskapelle St. Adelgundis, erzählt von dieser längst vergangenen Zeit. Drei Meter hoch und fünf Meter breit, kilometerlang waren sie einst, aus Stein erbaut und mit tiefen Fallgruben. Die Kelten legten viel Wert auf einen anständigen Schutz vor feindlichen Stämmen. Das Hochplateau selbst reichte im Jahr 200 vor Christus nicht mehr aus, sodass der Großteil der Siedlung auf der dahinterliegenden, 15-mal so großen Ebene entstand. Das vermeintliche Aufeinandertreffen von römischen und germanischen Stämmen um 50 vor Christus im Maintal blieb jedoch nicht folgenlos. Noch vor Beginn unserer heutigen Zeitrechnung ging die Stadt unter. Die Lage der Ansiedlung direkt an der Hauptachse der damaligen Völkerwanderungen wurde den Bewohnern zu heikel. Sie gaben die Stadt auf und suchten sich ruhigere Stellen, um zu überleben. Das wusste Ptolemäus fast zwei Jahrhunderte später aber noch gar nicht. Wie auch, so ohne Internet, Direktflüge und Nachrichtenkanäle.

Adresse 96231 Bad Staffelstein-Romansthal | **Anfahrt** A 73 Ausfahrt 15 Bad Staffelstein, Richtung Innenstadt, von dort ausgeschildert, ab dem Parkplatz in Romansthal noch 1,5 Kilometer Aufstieg zu Fuß | **Tipp** Der Ausblick vom Plateau des Staffelbergs an einem klaren, sonnigen Tag ist durch nichts zu übertreffen. Die Adelgundiskapelle gilt neben Altötting als meistfrequentierte Wallfahrtsstätte in Bayern.

90 Die steinerne Rinne

Phänomenales Naturschauspiel

Unter dem Begriff »Geotop« werden alle außergewöhnlichen erdgeschichtlichen Sehenswürdigkeiten zusammengefasst. Denn Mutter Erde hält gern mal eine Überraschung für uns parat. Die Abwechslung könnte kaum größer sein. Vom Findling über den Steinbruch bis zur Felsformation, von der Schlucht bis zur Höhle, vom Wasserfall bis zur – auf den ersten Blick – unscheinbaren Quelle. Die Entstehung unseres Planeten und die Launen der Natur haben viele verschiedene Gesichter.

Die Externsteine bei Detmold sind eines der bekanntesten Geotope Deutschlands. Diese klippenförmigen Felsen werden unter Spirituellen gar als der Kraftort schlechthin bezeichnet und bilden mit den Städten Aachen, Karlsruhe und Coburg ein vielfach gedeutetes »magisches« Quadrat, dem besondere Macht und Energie innewohnen soll.

Die steinerne Rinne bei Roschlaub, am nördlichen Rand der Fränkischen Alb gelegen, ist hingegen weit davon entfernt, Wallfahrtsort für Esoteriker zu sein. Dabei ist sie in ihrer Erscheinung etwas ganz Besonderes. Als nur eine von 14 ihrer Art in Deutschland, die nördlichste noch dazu, hinterlässt das kleine Rinnsal, das hier an einem stark abfallenden Hang im Wald hinunterfließt, etwas sehr Beeindruckendes.

Das karbonathaltige Wasser spaltet unter Mithilfe des Sauerstoffs einen Teil des Kohlendioxids und lagert dieses an beiden Seiten des Wasserlaufs an Pflanzen und Steinen ab. Der Kalk wird somit dem Wasser entzogen und bildet eine längliche, zwischenzeitlich rund 30 Meter lange Verdickung mitten auf dem Waldboden.

Der Mensch muss der Natur jedoch ab und zu auf die Sprünge helfen: Äste und Laub können den Prozess stören und werden regelmäßig beseitigt. Denn das schutzbedürftige Karstgebilde wächst weiter, wenn auch nur rund zwei Zentimeter in zehn Jahren! Was selbstverständlich ist: Anschauen erlaubt, Betreten und Anfassen des Naturdenkmals sind aber verboten.

Adresse 96110 Scheßlitz-Roschlaub | Anfahrt A 73 Ausfahrt Ebensfeld, auf der St 2187 durch Prächting und Kleukheim, danach links nach Roschlaub abbiegen, vor dem Ort links in der Nähe der kleinen Kapelle parken, dem Plattenweg folgen, der später zum Schotterweg wird, im Wald nach rund 1.200 Metern Wegstrecke an einer Weggabelung rechts auf den Trampelpfad und diesem noch rund 100 Meter folgen | Tipp Bei Dörrnwasserlos auf dem Marienberg existierte bis in die 1990er Jahre ein Raketenstützpunkt der NATO. Noch immer sind Spuren der ehemaligen Nutzung zu sehen. Heute steht hier ein Tagungszentrum der katholischen Kirche.

91 Der Froschgrundsee

Deutsche Annäherung im Kalten Krieg

Ein Spaziergang um den Froschgrundsee mit einer Länge von drei Kilometern lädt gerade im Sommer dazu ein, den Wassersportlern oder Anglern zuzuschauen und die Natur zu genießen. Vor Ort fallen gleich zwei mächtige Bauwerke ins Auge.

Da ist zum einen der große künstlich angelegte Stausee. Bei hohen Pegelständen, meist durch die Schneeschmelze in Thüringen verursacht, stand das Bahnhofsviertel in Coburg regelmäßig einige Tage unter Wasser. Gesperrte Straßen, überflutete Keller, sogar die Frauenklinik mit der örtlichen Geburtsstation war kaum mehr zu erreichen. Ohne Wasserrückhaltebecken konnte es daher nicht weitergehen.

Die ersten Pläne, in der Nähe des kleinen Dorfes Schönstädt im Froschgrund eine Talsperre als Hochwasserschutz zu errichten, kamen im Zusammenhang mit dem Bau des Main-Werra-Kanals und der Anbindung der anderen Wasserstraßen bereits 1926 auf. Die damaligen Dimensionen mussten aber nach der Teilung Deutschlands deutlich zurückgeschraubt werden: Die Zonengrenze ließ es einfach nicht mehr zu. Nichtsdestotrotz verhandelte man mit der DDR und erreichte einen Konsens, der die Stauung des Wassers nach Thüringen zuließ. Ein deutsch-deutsches Projekt zu Beginn der 1980er Jahre in der Phase der politischen Entspannung. Doch damit nicht genug im Naturschutzgebiet Itztal: Bei der Planung der ICE-Strecke durch die Region mussten die Trassenplaner schon aufs Ganze gehen. Eine mächtige Eisenbahnbrücke quert den See, Millimeterarbeit, um die geschützten Biotope nicht zu berühren. Als kleines Andenken hinterließ dieses Bauwerk einen Rekord: Mit 270 Metern handelt es sich um die größte von Zügen befahrene freitragende Bogenbrücke Europas. Mit der gleichen Bogenlänge auf Platz eins, von der Gesamtspannweite her sogar noch etwas breiter: die Grümpentalbrücke ganz in der Nähe bei Schalkau.

Schattige Stellen gibt es somit nun zuhauf, sonnige Bankplätze aber auch.

Adresse Schönstädt, 96472 Rödental | Anfahrt A 73 Ausfahrt 8 Neustadt bei Coburg, abfahren auf die St 2206 Richtung Schalkau | Tipp Zwischen Niederfüllbach und Roth am Forst existiert ebenfalls ein seltenes Eisenbahnbauwerk: Hier sind zwei Tunnel übereinander zu sehen, die im Höhnberg verschwinden. Am doppelten Tunneleingang auf der südlichen Bergseite führen die Gleise noch auf nahezu gleicher Höhe in den Berg.

92 Bogensport Beier

Lasst uns Orks jagen!

»Mein Geschenk an dich, Legolas, ist ein Bogen der Galadhrim.« Diese Worte von Galadriel an den taffen Elben im ersten Teil des Filmepos »Der Herr der Ringe« untermalen die Übergabe des Bogens, der in der Trilogie noch eine gewichtige Rolle spielen wird.

Der deutsche Vertreter der Filmfirma New Line Cinema suchte im Jahr 2000 auf dem deutschen Markt einen Lizenznehmer für den Nachbau dieser Bögen. Von allen, die er auf diesen Auftrag ansprach, wurde er an Uwe Beier verwiesen, da es sich um eine besonders anspruchsvolle Tätigkeit handelte. Der Geschäftsführer, der bei Europameisterschaften bereits einen Platz auf dem Treppchen ergatterte, spricht rückblickend von einer »Bildhauerarbeit«, die dahintersteckte. Kein Vergleich zur Herstellung eines klassischen Sportbogens. Zur Ausübung des Sports sind diese reinen Merchandise-Produkte aber natürlich nicht geeignet. Dafür ist im Geschäft alles vertreten, was das Herz eines Bogenschützen begehrt.

Der Big Player in der Bogensportbranche ist einer von nur neun Großhändlern in Europa. Das Warenangebot deckt daher die komplette Palette dieser Sportart ab. Das Steckenpferd des oberfränkischen Unternehmens ist eher unscheinbar, aber umso wichtiger: Die selbst entwickelten speziellen Pfeilfangnetze und -matten. Damit der Schuss daneben nicht am Ende noch ein Treffer ins falsche Schwarze ist. Ob Langbögen, Hybridbögen oder Recurve-Bögen und die passenden Pfeile, bei allen Produkten steht natürlich der Schießsport im Vordergrund.

Dann stockt aber kurz der Atem: Bären, Wölfe und Wildschweine! Was haben die denn hier zu suchen? Die Firma produziert auch täuschend echte 3-D-Tiere, die einen Schießparcours unheimlich aufwerten.

Die Tolkien-Fans müssen aber ganz tapfer sein: Olifanten, Warge und Riesenspinnen sucht man im Geschäft wie auch in der hiesigen Fauna vergebens. Fantasy bleibt nun mal Fantasy.

Adresse Beier Distribution, Bahnhofstraße 151, 96145 Seßlach, www.bogensport-beier.de | **Anfahrt** B 303 Richtung Schweinfurt bis Dietersdorf, nach Seßlach, vor dem Friedhof rechts | **Öffnungszeiten** Mo–Do 8–17 Uhr, Fr 8–14 Uhr | **Tipp** Wer das Bogenschießen erst einmal kennenlernen will: Bei Obermain-Bogensport in Bad Staffelstein werden entsprechende Kurse angeboten.

93 Das Kommunbrauhaus

Frei nur für Bierabholer!

Vorübergehend gesperrte Straßen kommen überall mal vor. Gründe dafür gibt es zuhauf, zum Beispiel Festumzüge, Bauarbeiten, Hochwasser oder Sportveranstaltungen.

Die Seßlacher besitzen aber den sicherlich triftigsten Grund, warum eine Straße mehrere Stunden lang nicht oder nur unter bestimmten Voraussetzungen befahren werden darf. In der Pfarrgasse, die jeden Freitag von 16 bis 18 Uhr nicht für jedermann befahrbar ist, steht seit 1892 das Brauhaus. Das Braurecht besitzt Seßlach genauso lange wie das Stadtrecht, und zwar seit 1335.

An jedem Brautag kamen die Anwohner in die enge Gasse, mit Butten, Kannen oder Eimern »bewaffnet«, und holten sich ihr Hopfengetränk direkt aus den Sudkesseln. Hygienevorschriften lassen das aber heute nicht mehr zu. Das »Seßlacher« wird jetzt in Fässer abgefüllt, bevor der Konsument auf den Plan tritt.

Da der Biertrinker an sich beim schönsten aller Einkäufe nicht gestört werden soll und das Beladen der Pkws mit Fässern den Durchgangsverkehr zu sehr stört, wird an beiden Seiten der Gasse das Schild »Durchfahrt verboten«, Nummer 250 der Straßenverkehrsordnung, aufgestellt. Das Sonderzeichen darunter, gewohnt ist man ein »Anlieger frei«, verdeutlicht aber den Grund der Sperrung. »Frei nur für Bierabholer«, steht dort. Deutschlandweit einmalig. Und daher auch nicht im offiziellen Verzeichnis der Verkehrsschilder zu finden.

Früher erhielten nur die Bauern, die Braugerste ablieferten, ihren Anteil Bier aus der städtischen Brauanlage. Heute können sich auch alle Nicht-Einheimischen in die Schlange der Durstigen einreihen und Fässer in verschiedenen Größen kaufen. Wer vorab den Geschmack testen will, probiert es in den Gaststätten Reinwand und Roter Ochse am Maximiliansplatz, die eine »Standleitung« zum Brauhaus besitzen.

Das würzige Hausbrauerbier kann übrigens auch im Bauhof erworben werden. Aber fehlt da nicht ein bisschen das Flair?

Adresse Städtisches Brauhaus, Pfarrgasse 105, 96145 Seßlach | Anfahrt B 303 Richtung Schweinfurt bis Dietersdorf, nach Seßlach, durchs Hattersdorfer Tor hindurch und die erste rechts | Öffnungszeiten Fr 16–18 Uhr und zu besonderen Anlässen | Tipp Im Pörtnerhof werden regelmäßig Erlebnisdinners angeboten. Vom Ritteressen übers Krimidinner bis hin zum Musicalabend oder Dunkelessen gibt es ein breit gefächertes Angebot für alle, die nicht nur essen, sondern dabei etwas geboten haben wollen.

94_Der Dreistromstein

Wenn es in Thüringen anfängt zu regnen

Die besagte Stelle hat nichts mit elektrischer Spannung zu tun. Fachwissen über Gleich-, Wechsel- oder Mischstrom ist überflüssig. Es geht hier um Gewässer. Ein »Wasserscheidepunkt«, an dem der Dreistromstein steht, bezeichnet den Grenzverlauf zwischen drei verschiedenen Flusssystemen. Davon gibt es in Deutschland nur sehr wenige.

Doch was ist damit genau gemeint? Man stelle sich einfach einen Regenschauer direkt über dem obeliskförmigen Denkmal vor. Der Niederschlag könnte hier in den Rambach fallen. Dieser fließt nach wenigen Kilometern der Schwarza zu, die dann später über die Saale in die Elbe mündet. Zweite Möglichkeit: Der Regen geht in die Grümpen nieder. Dieses Flüsschen vereinigt sich in Almerswind mit der Itz und fließt dem Main und somit dem Rhein zu. Und Option Nummer drei: das Türkengründlein, ein kleines Rinnsal, das kurz darauf mit dem Mutzgründlein die Saar bildet, welche am Rande von Sachsenbrunn die Werra kräftig mit Wasser unterstützt. Bekanntermaßen vereinigt sich diese dann mit der Fulda zur Weser.

Drei große Ströme: Elbe, Rhein und Weser, die alle in die Nordsee münden. Und hier, direkt vor den Toren Siegmundsburgs, einen wenn auch nur kleinen Anfang wagen. Die verschiedenen Regentropfen aus der gleichen Wolke treffen sich somit erst in fast 1.000 Kilometern vor der englischen Küste wieder. Der Alpinist Adolf Schaubach schlug 1832 im Spaß vor, ein trigonales Haus zu bauen, von dessen dreiseitigem Dach das Wasser den drei Strömen zufließen könne. Sein Ansatz, diese Stelle kenntlich zu machen, wurde 1906 mit der Errichtung des Dreistromsteins als »hydrografischem« Punkt umgesetzt. Der Sockel besteht aus typischen Gesteinen der Zielgebiete. Granit steht für die Elbe, Quarz für den Rhein und Grauwacke für die Weser. Nicht zu verwechseln: Der Dreiherrenstein ganz in der Nähe symbolisiert das Aufeinandertreffen dreier Herrschaftsgebiete.

Adresse 98724 Siegmundsburg | **Anfahrt** A 73 Ausfahrt 5 Eisfeld Nord, B 281 Richtung Saalfeld, am Ortseingang Siegmundsburg links abbiegen Richtung Friedrichshöhe, die Nächste rechts, dort an der Weggabelung parken, der Beschilderung 100 Meter folgen | **Tipp** Die hintere Werraquelle als Relikt aus jener Zeit, als zwei verschiedene Zuflüsse beide noch als Werra bezeichnet wurden, liegt direkt an der B 281, weniger als einen Kilometer südlich vom Dreistromstein. Heute handelt es sich um die »Saar«. Die vordere, »echte« Werraquelle liegt sieben Kilometer nordwestlich in einem Waldstück bei Masserberg.

95 Die Wehd

Wenn der Flur- zum Nachnamen wird

Im Laufe des 13. Jahrhunderts erwähnen alte Dokumente erstmals Familiennamen in Deutschland. Um 1400 war die Namensgebung bereits weit verbreitet.

Ableiten lassen sich die Nachnamen von verschiedenen Faktoren: dem Vornamen des Vaters (Carl, Otto), dem Beruf (Müller, Bauer), bestimmten Eigenschaften (Klein, Groß), örtlichen Begebenheiten des Wohnortes (Berger, Strauch) oder der geografischen Lage.

Die »Wehd« ist ein Stadtteil auf dem Schlossberg in Sonneberg. Alle Familien, die den Nachnamen »von der Weth / Wehd / Weht« tragen, sind daher kein bisschen adelig, nein, ihre Vorfahren lebten einst einfach nur oben auf dem Schlossberg. So erklärt sich auch das »von der«. Gleiches gilt für den Namen »Stammberger«. Der kleine bewaldete Hügel zwischen Fischbach in Bayern und Rückerswind in Thüringen ist auf Karten ersichtlich, vor Ort aber weder ausgeschildert noch mit etwas Markantem versehen, nur die Straße »Stamberg« in Fischbach existiert. Die »Stammberger« kommen um 1600 fast nur in Rückerswind vor. Diesen Namen trugen einst die Bewohner des Hofes in der Nähe des besagten Berges. Und pflanzten sich mit dem Namen munter fort.

Weitere Beispiele aus der Region gefällig?

Der Zetzmann kommt vom »Zitzweber«, wobei Zitz ein alter Begriff für Baumwolle ist, der Name stammt also von Baumwollwebern. Der Blechschmidt (Klempner), der Reißenweber (Weber für Kopfbedeckungen) und der Scheler (Rindenschäler) gehen ebenfalls auf nahezu ausnahmslos im Süden Thüringens ausgeübte Berufe zurück. Überall zu Hause: Der Morgenroth besaß das Haus im Osten des jeweiligen Dorfes, da dort die Sonne frühmorgens aufging. Der Amend wohnte einfach nur »am Ende« des Ortes. Namen wie Beyersdorfer, Stelzner oder Hochstätter wiederum entstanden durch den Umzug von Familien, die nach ihrem Herkunftsort bezeichnet wurden. Eins haben fast alle Nachnamen gemeinsam: einen nachvollziehbaren Ursprung.

Adresse Wehdstraße, 96515 Sonneberg | **Anfahrt** B 4 und B 89 nach Sonneberg | **Tipp** Auf www.verwandt.de/karten einfach einmal den eigenen Nachnamen eingeben. Schnell hat man einen Überblick, wie weitverbreitet dieser ist und wo die »Hochburgen« sind. Das Gleiche kann man auch mit dem Mädchennamen der Mutter oder der Großmütter machen, um einen groben Überblick über die eigene Herkunft zu erhalten, wenn man nicht gerade Schmidt, Meyer oder Müller heißt …

96 Das Naturpark-Dreieck

Holzkonstruktion an der »Kalten Küche«

In Deutschland existieren derzeit 104 als Naturpark ausgewiesene Landschaften. Respektable 25 Prozent der Fläche Deutschlands werden auf diesem Weg besonders geschützt. Die Bewahrung und Wertschätzung der Natur, der Tierwelt und der Biotope sollen eine effektive Koexistenz mit der Förderung von nachhaltigem Tourismus bilden.

Bei Spechtsbrunn, am Rennsteig und am Grünen Band gelegen, wird neuerdings mit einer hölzernen Skulptur auf etwas europaweit Einmaliges hingewiesen: das Aufeinandertreffen gleich dreier Naturparks. Man muss schon ehrlich sein: Eine »Abgrenzung« wäre hier sonst auch sehr schwierig. Nach Westen erstreckt sich der Thüringer Wald mit seinem großen Fichtenbestand. Nordöstlich liegt das eher schroffe und felsige Thüringer Schiefergebirge, südöstlich der zum Main hin flach auslaufende Frankenwald. Aber genau an dieser Stelle hätte man dieses Dreieck mit bloßem Auge bestimmt nicht erkannt.

Das Tor steht in unmittelbarer Nähe der »Kalten Küche«. Ein wahrhaft seltsamer Name für diesen Landstrich. Dabei ist der Ursprung der heutigen Flurbezeichnung recht einfach zu erklären. »Calde« steht für die Grenze, »Kuche« für eine Kapelle. Vor einigen Jahrhunderten war hier schon mal Grenzgebiet, damals führte die Gemarkungslinie der Grafschaft von Orlamünde auf dem 700 Meter hohen Kammweg entlang. Die alte Handelsstraße brachte den angrenzenden Ortschaften in Friedenszeiten Wohlstand, in Kriegszeiten aber immer wieder Zerstörung und Tod.

Ein kurioser Fakt noch am Rande: Spechtsbrunn gehört seit 2014 zu Sonneberg. Das Stadtgebiet ist seitdem auf der Landkarte ein sehr ungewöhnliches Konstrukt, das durch den Anschluss der Gemeinde Oberland an Sonneberg entstanden ist. Exemplarisch die Straße direkt nördlich der Blechhammer-Brücke an der Engnitz: Hier ist der schmale Sonneberger Korridor zwischen den angrenzenden Gemeinden gerade einmal rund 100 Meter breit.

Adresse Rennsteig, 96515 Sonneberg-Spechtsbrunn | Anfahrt B 85 von Kronach kommend bis Steinbach am Wald, Frankenwaldhochstraße Richtung Spechtsbrunn, alternativ über Sonneberg, ab Blechhammer der Beschilderung folgen | Tipp Direkt neben dem Naturpark-Dreieck liegt einer von etwa 120 in Deutschland verlegten GPS-Referenzpunkten, der dazu dient, mobile Navigationsgeräte auf Korrektheit zu überprüfen. Der deutsche Geometer-Verein zum Zwecke der Förderung des Vermessungswesens gründete sich 1871 in der Goldenen Traube in Coburg.

97 Der Skiflyer

Mit 50 Stundenkilometern in die Tiefe

Schon mal Schlitten gefahren? Na klar. Und eine Rodelbahn hinabgefahren? Bestimmt. Auf Skiern gestanden? Sicherlich auch die Mehrheit. Und waghalsig auf einer Skisprungschanze hinabgesaust? Erwischt. Das haben bisher wohl die wenigsten gewagt.

Aber warum denn eigentlich nicht? In Steinach wird das Skispringen auch für den »Normalo« angeboten. Das kribbelnde Gefühl, wenn die Skier den Boden verlassen und erst nach einigen Sekunden, die sich wie eine Ewigkeit anfühlen, wieder aufkommen. Der »Flug ins Ungewisse« sorgt für reichlich Nervenkitzel. Anmelden, vorbeikommen, Skier anschnallen, und los geht es … noch lange nicht.

Vor der Praxis steht die Theorie. Erst wird die Anfahrtshaltung geübt. Tief in die Hocke, um Geschwindigkeit aufzunehmen, die Arme nach hinten, Handflächen nach oben, und ab geht die wilde Fahrt. Der Absprung will auch nicht verpasst und verpatzt werden. Die straffe Körperhaltung im Flug ist genauso wichtig, die Haltungsnoten entscheiden am Ende immerhin über Sieg oder Niederlage. Nach einigen theoretischen Übungssprüngen und einer umfassenden Einweisung geht es nach oben auf den Sprungturm. Der ein oder andere Mutige soll in dem kleinen, engen Raum noch das Handtuch geschmissen haben. Verständlich. Hier trennt sich die Spreu vom Weizen. Nur die Harten werden starten und fliegen auf der Schanze rund 150 Meter weit. Das absolute Skisprungfeeling stellt sich nicht nur bei einer geschlossenen Schneedecke ein. Der Skiflyer ist ganzjährig in Betrieb und kann auch an einem lauschigen Sommerabend genutzt werden.

Immer dabei: Das Seil zur Absicherung, denn hier ist noch kein Meister vom Himmel gefallen. Ob für Privatpersonen, Feiern oder sogar Firmenseminare – Selbstvertrauen haben, Selbstüberwindung schaffen, Selbstbewusstsein aufbauen. Wer glaubt, noch nie an seine Grenzen gegangen zu sein: Vielleicht klappt es hier ja.

Adresse Schottland 27, 96523 Steinach, www.roc-team.de | **Anfahrt** B 4 und B 89 bis Sonneberg, der Beschilderung nach Steinach folgen, im Ortskern dann der Beschilderung »Rennsteig Outdoor Center« folgen | **Tipp** Die Farbglashütte in Lauscha bietet schier unbegrenzte Möglichkeiten für Erlebnistouren. Zuschauen, schlemmen und die Geheimnisse der Glasbläser selbst umsetzen. www.farbglashuette-lauscha.de

98 Der Dorfplatz

Grüner und bunter geht's im Sommer kaum

Im Zentrum eines Ortes ist zumeist ein herzeigbarer Platz zu finden, mit einem Rathaus und der Kirche gleich nebenan. Die beste Lage für Geschäfte, die etwas auf sich halten. Das Areal wird an einem Markttag mit Ständen zugestellt, damit die Anwohner frische Ware kaufen können. So weit die gängige Theorie.

In Steinbach an der Haide ist es zwar ähnlich, eine nicht unbedeutende Kleinigkeit unterscheidet das Dörfchen aber von allen anderen Ansiedlungen. Der Bürger kommt ohne das nötige Kleingeld vorbei. Und pflückt sich das Obst, Gemüse oder die Kräuter in seinem eigenen Garten. Wie das sein kann? Eine Art Schrebergartenanlage, nur ohne Häuschen mit Gartenzwergen davor, ersetzt hier den gepflasterten oder betonierten Dorfplatz. Fast jede Familie besitzt eine kleine Parzelle und recht, sät, gießt und erntet im Laufe des Jahres ihren Vorzeigegarten. Ein wahrhaftig grüner Ortsmittelpunkt, der an der Spitze »oben« einen kleinen Teich mit einer herrlichen Aussicht auf den Platz besitzt.

Das Runddorf, einer der nördlichsten Flecken Bayerns, liegt in einer Quellwanne am Nordhang des Frankenwaldes und ist Rekordsieger beim bundesweiten Wettbewerb »Unser Dorf hat Zukunft – Unser Dorf soll schöner werden«.

Bei der Anlage des Ortes zu Beginn des 15. Jahrhunderts entstand ein großer ovaler Weideplatz für die Tiere. In einem alten Dokument aus dem Jahr 1533 wird dann erstmals der »große Garten auf dem Anger« erwähnt. Einst wuchsen hier Kräuter, die in der Region einen besonders guten Ruf besaßen. Aber auch Gemüse und insbesondere der Hopfen für die örtliche Brauerei gediehen prächtig. Heute sind der Phantasie keine Grenzen mehr gesetzt. Ein buntes Miteinander von heimischen Pflanzen, Südfrüchten und Blumen lässt den Ort im wahrsten Sinne des Wortes erblühen. Der Kontrast zu den dunklen Schieferfassaden der Häuser unterstreicht die Farbenvielfalt der Natur.

Adresse 96337 Steinbach an der Haide | **Anfahrt** B 89 bis Ludwigsstadt, KC 26 bis Steinbach an der Haide | **Tipp** Im Namenszwilling Steinbach am Wald befindet sich der Scheitelpunkt der Frankenwaldbahn. Diese ist neben der Schwarzwaldbahn die einzige zweigleisige Gebirgsbahn in Deutschland.

99__Die Hutelandschaft

Auge in Auge mit Rind und Pferd

Was macht man nur mit einer breiten Flussaue, die durch einen hohen Grundwasserstand häufig von Überschwemmungen heimgesucht wird und daher für die klassische Landwirtschaft partout nicht in Frage kommt? Klar, Pech gehabt, sagen die einen. Die Gemeinde Straufhain warf die Flinte aber nicht so schnell ins Korn. Beim Brainstorming ging es schnell zurück in die Vergangenheit. Wie wurden solche Gebiete denn früher genutzt? Es handelte sich einst um reines Weideland mit anspruchslosen Pflanzenfressern, die weder das Wetter noch zwei Wochen nasse Füße störte. Das Projekt »Hutelandschaft Rodachaue« entstand, Vorbilder einer solchen Nutzung gab es bereits einige.

Die notwendigen Veränderungen waren dann auch nur marginal. Zaun aufgestellt, Gitterroste und Tore für neugierige menschliche Besucher verbaut, Flutmulden geschaffen und einige Bäume gepflanzt. Im nächsten Schritt noch einen Unterstand für die Tiere und einen Beobachtungsturm geschaffen. Fertig war eine naturnahe Fläche, die mit Koniks (einer robusten Wildpferdrasse) und Heckrindern (gezüchtet von den Brüdern Heck, hat also nichts mit dem Heck des Tieres zu tun) bestückt wurde. Eine Augenweide, die seltenen Spezies im Alltag in der Rodachaue beobachten zu können. Die neuen Gegebenheiten förderten außerdem den Zuzug weiterer Tiere. Störche fühlten sich hier einheimisch und bekamen noch einen Nistplatz zur Verfügung gestellt, seltene Insektenarten tauchten plötzlich auf, und auch unter den Vögeln zwitscherte es sich herum, wie schön es zwischen Stressenhausen und Steinfeld doch eigentlich neuerdings ist.

So gibt es nun eine Win-win-Situation für alle. Das Gebiet wird sinnvoll genutzt, die Natur freut sich über eine besondere Artenvielfalt und der Besucher über den kleinen Nervenkitzel, wenn er die rund 100 Meter zum Beobachtungsposten zwischen den Tieren hindurch zurücklegt.

Adresse 98646 Straufhain-Stressenhausen | Anfahrt St 2205 über Rodach bis Steinfeld, dann Richtung Straufhain, von Stressenhausen oder der Landstraße aus zu Fuß zu erreichen | Tipp Im Gewerbegebiet von Adelhausen gibt es »Rodacher Flüssiges Obst«. Saft, Nektar, Wein, Konfitüren und vieles mehr, hergestellt aus Früchten der heimischen Streuobstwiesen.

100_Das Korneffer Kreuz

Aus Steinen erschaffen

Andreas Korneffer ging am 24. April 1730 wie fast jeden Tag auf dem elterlichen Feld seiner Arbeit nach. Plötzlich überschlugen sich die Ereignisse. Einige Soldaten eilten hinaus aufs Feld, um den 22-Jährigen zu ergreifen. Ohne Erfolg. Korneffer war nicht willens, der Grenadier zog seine Waffe und erschoss ihn an Ort und Stelle. Im Kirchenbuch wird der Todesfall ausführlich beschrieben, »erbärmlich hat er sein Leben hergeben müssen«. Doch warum das Ganze? Alles begann einige Tage zuvor in Streufdorf. Die Militärwerber hatten den jungen, kräftigen Bauernsohn als perfekten Krieger auserkoren, mit einigen Talern und reichlich Alkohol gefügig gemacht und bekamen, was sie wollten: eine unterschriebene Erklärung, dass er sich den Dänen anschließen und für sie in den Krieg ziehen würde. Ob ihm dies einige Tage später überhaupt noch bewusst war?

Das Regiment stufte ihn, da er sich dort nicht blicken ließ, als Deserteur ein. Korneffers Gegenwehr wurde zu seinem Verhängnis. Die Todesstrafe für einen Rebellen war in Kriegszeiten nicht selten und sogar inoffiziell geduldet.

Die Anteilnahme der Bevölkerung am Tod ihres Mitmenschen war riesengroß. Doch den Wunsch der Familie, auf dem Feld ein Denkmal oder ein Holzkreuz zu errichten, wies der Herzog ab. Ein Märtyrertum sollte zwingend vermieden werden. Nichts sollte an das geschehene Verbrechen erinnern.

Braut und Schwester des Ermordeten kamen auf eine andere Idee. Sie sammelten zahlreiche Steine auf den Feldern ringsherum und gestalteten auf dem Acker ein liegendes Kreuz, das nun schon fast 300 Jahre überdauert. Die Streufdorfer kümmerten sich nach dem Tod der letzten Anverwandten weiter um das Mahnmal des Fahnenflüchtigen, das als eines der ältesten seiner Art in Deutschland gilt. Denn: Geschichte ist nicht dazu da, um vergessen zu werden. Sondern um allem Vergangenen, ob gut oder schlecht, ein Andenken zu bewahren.

Adresse 98646 Streufdorf | Anfahrt St 2205 durch Bad Rodach, nach Roßfeld abbiegen, zwischen Roßfeld und Streufdorf rechts rund 800 Meter über Feld- und Wanderwege | Tipp Im Zweiländermuseum in Streufdorf erfährt man mehr über die deutsch-deutsche Teilung. Die Ausstellung geht auch ausführlich auf das Leben und die Familien im einstigen Sperrgebiet ein.

101 Der Straufhain

Armageddon im Heldburger Unterland

Aus unzähligen Felsspalten quillt zähe Lava an die Oberfläche. Die Eruptionen im Berginneren lassen die Erde beben. Eine gigantische Rauchwolke kündigt die ersten Ausstöße des Magmas an. Nur Minuten später verliert die nähere Umgebung unter einem plötzlich einsetzenden Ascheregen alles, was sie an Farbe und Vitalität zu bieten hatte.

Die Lavaflut begräbt als Erstes das Bad Rodacher Thermalbad, bisher der Hauptnutznießer der warmen Quellen unter dem Straufhain, unter sich. Den aus ihren Häusern geeilten Anwohnern auf den Langen Bergen offenbart sich ein grausamer Anblick: Eine goldglänzende, hitzige Masse schiebt sich unaufhaltsam über die breite Ebene Richtung Coburg.

Roland Emmerich lässt grüßen! Das Szenario könnte aber auch Mordor darstellen und Peter Jackson gerade als Einwohner von Drossenhausen seinen Cameo-Auftritt bescheren. Absolut abwegig ist ein solches Szenario eigentlich gar nicht. Denn mit dem Straufhain erhebt sich hier ein waschechter Vulkan in den Himmel. Als nördlichster Teil der »Heldburger Gangschar« gehört er zu einer Vulkankette, die vor rund 15 Millionen Jahren entstand.

Auf dem kegelförmigen Berg sticht die Ruine bereits von Weitem ins Auge, da die dichte Bewaldung auf dem Gipfel in unmittelbarer Nähe der alten Burg gerodet wurde. Die breiten Mauern als Überbleibsel des großen Saals lassen erahnen, welch stattlicher Befestigungsbau hier einst stand. Vor mehr als 800 Jahren erlebte der Straufhain seine kulturelle Blütezeit. Unklar bleibt, warum man die Burg um 1525 aufgab. Gab es Probleme mit der Wasserversorgung? Oder waren es die Aufständischen im Bauernkrieg, die die Burg in Brand setzten? Später wurde der Berg von den Herzögen für Theaterstücke mit der Ruine als Kulisse rege genutzt.

In neuerer Zeit standen die alten historischen Gemäuer direkt im Sperrgebiet und wurden jahrzehntelang als Spionageposten genutzt.

Adresse 98646 Streufdorf | **Anfahrt** St 2205 bis Bad Rodach, von Rudelsdorf, Roßfeld und anderen Orten um den Straufhain über verschiedene Wanderwege begehbar | **Tipp** Im nahen Seidingstadt wurde Therese von Sachsen-Hildburghausen geboren, die spätere Frau des zweiten bayerischen Königs, Ludwig I. Nach ihr ist der wohl berühmteste Platz Bayerns, die Theresienwiese in München, benannt. Das Oktoberfest geht auf das Pferderennen zu Ehren des Hochzeitspaares zurück. Das Schloss Seidingstadt selbst existiert nicht mehr; im alten Schlosspark finden aber regelmäßig Open-Air-Veranstaltungen statt.

102 Die Greifvogelvorführung

Flieg, mein Freund, flieg!

Die Falknerei als Begriff definiert die »ökologische« Jagd mit einem Angreifer, dem Greifvogel, und seinem Ziel, dem frei lebenden Wild. Der Unterschied zur »normalen« Jagd liegt nicht nur, sondern sitzt hier auf der mit Leder eingekleideten Hand: Das angreifende Tier gibt dem Gegenüber die Chance, im Kampf zu überleben. Ganz im Gegensatz dazu das hinterlistige Gewehr. Schon mal ein Reh mit einer Patrone im fairen Wettstreit gesehen?

Der Falkner hat nicht nur Falken unter seinen Fittichen. Auch alle anderen Greifvögel gehören zu seinen Schützlingen. Die Zucht, Haltung und Erziehung ist viel komplexer, als man glauben mag. Dabei ist das Abtragen ein sehr langer Prozess. Das Tier wird nicht nur an den Menschen, sondern auch an seine Umgebung mit unzähligen auf ihn einwirkenden Geräuschen und Gerüchen, aber auch Gefahren gewöhnt. Es gilt, den Lederhandschuh als Anlaufpunkt und vertraute Stelle zu etablieren. Die natürliche Scheu wird daher durch Füttern Stück für Stück überwunden.

Einen kleinen Einblick in die tägliche Arbeit mit Geier, Adler, Habicht & Co. gewinnt man im Bayerischen Jagdfalkenhof auf dem Gelände des Wildparks Schloss Tambach. Die rund 40 Minuten dauernden Greifvogelvorführungen mit Blick auf das erhabene und noch immer von der Familie von Ortenburg bewohnte Schloss sind ein absolutes Highlight beim Besuch. Die präsentierten Vögel wechseln immer wieder ab, je nach Tagesform der Tiere und Wetterlage. Insgesamt 40 Prachtexemplare tummeln sich hier. Die darüber hinaus angebotenen Workshops der Erlebnisfalknerei sind vielfältig und deutschlandweit in dieser Form an einer Hand abzählbar: theoretisches Insiderwissen, praktische Teilnahme am Training der Vögel und Fotoseminare können einzeln oder kombiniert gebucht werden. Nicht zuletzt bei Hochzeiten und Geburtstagen ist eine Falknervorführung ein besonderes und selten gesehenes Element.

Adresse Schloßallee, 96479 Weitramsdorf-Tambach, www.erlebnisfalknerei.com | **Anfahrt** B 303 Richtung Schweinfurt bis Tambach | **Tipp** Natürlich der Wildpark an sich. In den Freigehegen kann man auf Tuchfühlung mit dem Damwild gehen. Im Streichelzoo haben es die Ziegen gern, liebkost und gekrault zu werden.

103 Die Arnikablüte

Steinernes Abbild einer Heilpflanze

Die Arnika als Heilpflanze ist wohl den meisten bekannt, ebenfalls geläufig ist die Definition einer Akademie als Lehranstalt. Die Kombination aus beidem steht in Teuschnitz. Die »Arnika-Akademie« soll allen Interessierten das unter Naturschutz stehende Gesundheitskraut näherbringen.

Neben zahlreichen Vorträgen, Seminaren und Workshops rund um die Themenkomplexe Natur, Wellness und Gesundheit werden auch Forschungsprojekte rund um die gelb blühende Pflanze durchgeführt. Die Blüten und Wurzeln der Pflanze sind nicht nur Schmerzmittel, sondern auch Wundheiler, Entzündungshemmer und Antirheumatikum. Neben der Homöopathie ist mittlerweile auch die Schulmedizin überzeugt von der Heilkraft. Um Teuschnitz herum kann man kaum glauben, dass es sich um eine gefährdete Pflanzengattung handelt. Das hohe Aufkommen des Therapie-Allrounders im Frankenwald hat sich die Gemeinde, die bisher durch das schmucke, außergewöhnliche Rathaus bekannt war, zunutze gemacht und sich selbst zur deutschen »Arnikastadt« erklärt. Wichtig: Auch wild wachsend steht die Pflanze unter Naturschutz und darf nicht gepflückt oder ausgegraben werden.

Neben dem Kräuterlehrgarten, dem alle zwei Jahre stattfindenden Arnikafest und dem Arnika-Café existiert außerdem der »Arnikaweg«, eine von 32 Wanderstrecken, die unter dem Überbegriff »Frankenwald-Steigla« firmieren. Blickfang auf der Wanderstrecke in der Teuschnitz-Aue ist die aus Grauwacke und Muschelkalk gefertigte Arnikablüte mit einem Durchmesser von fast elf Metern. Die zwei Bamberger Künstler Tanja Potrykus und Thomas Gröhling gestalteten gemeinsam mit einer Jugendgruppe als Flurbereinigungsdenkmal etwas Einmaliges. Das Gebilde aus Kalksandstein lädt nicht nur zum Bestaunen, sondern auch zum Verweilen ein. Wer kann schon allen Ernstes behaupten, sich auf einem Blütenblatt ausgeruht und am Ende noch einen Sonnenbrand geholt zu haben?

Adresse 96358 Teuschnitz | **Anfahrt** B 85 bis Förtschendorf, St 2198 nach Teuschnitz, oberhalb des Ortes am Sportplatz parken, im Ort dem »Naturweg« nach Westen folgen | **Tipp** In der Umgebung bietet sich eine Wanderung zur Kremnitzkapelle an, einem herrlichen neugotischen Bauwerk im Wald Richtung Rappoltengrün.

104 Der Nassanger

Vom klösterlichen Gutshof zum Ort der Sünde

Am 17.11.1797 kehrte Goethe aus der Schweiz mal wieder nach Weimar zurück. Er nahm nicht den üblichen Weg durch den Itzgrund, sondern entschied sich für das obere Maintal. In seinen Reisenotizen erwähnt er nach »Lichtenfels« die »Fischteiche« und »Kloster rund gebaut«. Damit meinte er den Nassanger mit seinem Weiher. Er ist wohl nicht an der eindrucksvollen Pappelallee vorbeigekommen, sonst hätte er dies bestimmt ebenfalls niedergeschrieben.

Im 16. Jahrhundert entstand in Trieb ein Gutshof des Zisterzienserklosters Langheim, damals Machtzentrum der Katholiken. Im Norden das breite Flussbett des »Meyn«, wie der Fluss einst hieß und was wohl auf das indogermanische »mei« für Wasser zurückgeht. Im Süden die letzten Ausläufer der Fränkischen Alb. Der Langheimer Abt Gallus Knauer entschied daher nach seiner Berufung: Da muss was Besonderes her, das man immer mit seinem Namen in Verbindung bringen sollte.

1693 war ein weltweit einzigartiges Barockbauwerk entstanden. Ein Rundbau, der im 20. Jahrhundert den Beinamen »Kalenderschloss« erhielt, da er angeblich 365 runde Fenster und 12 große Tore besitzt. Der große Innenhof ist von außen nur zu erahnen, auch der Wassergraben existiert nicht mehr. Der Weiher etwas nördlicher gilt aufgrund seiner besonderen Artenvielfalt als ökologisch besonders wertvoll.

Die jüngere Verwendung war weniger religiös: In einem weiteren Gutsgebäude war einige Jahre ein Bordell untergebracht. Der katholische Abt wäre entsetzt gewesen. Vor dem Aufkauf des Gutes Kutzenberg war der Nassanger Anfang des 20. Jahrhunderts zudem als Kreisirrenanstalt im Gespräch. In den 1970er Jahren befand sich ein Zoo auf dem Grundstück um den historischen Rundbau. Nachdem ein Löwe ein kleines Kind gerissen hatte, endete auch dieses Kapitel der Nutzung unrühmlich. Die alten Kassenhäuschen stehen noch immer links vom Haupteingang und sind stille Zeugen aus vergangenen Tagen.

Adresse Nassanger, 96215 Lichtenfels-Trieb | **Anfahrt** B 173 von Lichtenfels Richtung Kronach, am Ortsende von Trieb links abbiegen | **Tipp** Mauritius Knauer schrieb Mitte des 17. Jahrhunderts den allseits bekannten 100-jährigen Kalender nieder. In Klosterlangheim, seinem Amtssitz, sind noch wenige Reste der ehemaligen Klosteranlage zu sehen.

105 Die Metzgerbräu

Eine ausgereifte Kombination

Die Idee kam dem Metzger Manfred Reichert 2002 aus einer, ja man kann sagen, Bierlaune heraus.

Seine Wurstkessel nutzte er nur einige Tage in der Woche. Die andere Zeit standen die großen Bottiche ungenutzt herum. Der Fleischermeister dachte über eine Optimierung nach. Und was passt besser zur Wurst als ein weiteres Grundnahrungsmittel? Das Bier. Eine perfekte Synergie, mag man meinen. Sich selbst das Bierbrauen beibringen? Ist gar nicht so einfach. Die ersten Informationen stammten aus einem Ratgeber aus dem Buchhandel, Nachschlagewerk und Helfer in des Hobbybrauers Not. So schwer war es aber dann doch nicht. Schon nach einigen Versuchen stellte sich ein zufriedenes Lächeln ein. Das Bier schmackhaft und die ersten Testtrinker zufrieden. Die Nachfrage nahm ebenfalls recht flott zu, immerhin saßen die Bewohner schon seit 20 Jahren biertechnisch auf dem Trockenen. Die Zeit, zu der Uetzing von der Bierlandkarte verschwunden war, hatte nun ein plötzliches Ende gefunden. Das Bier aus den zu Sudpfannen umfunktionierten Wurstkesseln galt bereits zwei Jahre später als Geheimtipp in der Region. Zehn Jahre nach den ersten zarten Gehversuchen erfüllte sich der »Metzgerbrauer« seinen Herzenswunsch mit einer originalen Gasthausbrauerei. Auch wenn die ursprüngliche Produktionsmethode Geschichte ist, das Bier schmeckt noch genauso gut wie am Anfang, die perfekte Würze des Gerstensaftes war somit unabhängig vom Zubereitungsgefäß. Lager- und Bockbier gibt es, von der Ein-Liter-Flasche bis zum großen Fass.

Im Verkaufsladen im Keller gibt es außerdem auch reichlich Selbstgeschlachtetes. Der besonders schmackhafte legendäre geräucherte Schinken wird erst in eine Gewürzmischung eingelegt, vier Wochen in einer gemauerten Räucherkammer gepökelt und danach über Buchenspänen eine Woche kalt geräuchert. Eine weitere Delikatesse vom bierbrauenden Metzger aus Uetzing.

Adresse Stublanger Straße 2, 96231 Bad Staffelstein-Uetzing, www.metzgerbraeu.com | Anfahrt A 73 Ausfahrt 15 Bad Staffelstein, St 2204 Richtung Schwabthal, bei Stublang nach Uetzing abbiegen | Öffnungszeiten Mo–Sa 6.30–20.30 Uhr, So nach Vereinbarung | Tipp Aus dem Königsbrunnen zwischen Uetzing und Stublang sprudelt besonders klares, köstliches Wasser. Wer mag, kann hier mit dem Krug vorbeikommen und sich etwas abfüllen.

106 Die Simultankirche

(Kon)fusion bei der Konfession

Nennen wir es doch einfach mal ein ökumenisches Kuriosum.

Meist entschied der Landesherr zur Zeit der Reformation, welcher Glaubensgemeinschaft seine Bevölkerung zukünftig angehören sollte. Eine Wahl hatten die Bürger nicht. Heute undenkbar, dass ein neu gewählter Bürgermeister mir nichts, dir nichts die Kirche umbaut und die »Schäfchen« zum anderen Glauben konvertiert.

Die katholische Kirche reagierte rund 150 Jahre später mit der sogenannten »Gegenreformation«. Die Bischöfe versuchten, die Regenten wieder zur römischen Lehre zu bekehren. So gab es dann ein buntes Sammelsurium. Da gab es Landstriche, die einen Rückzieher machten, andere hatten dem Papsttum nie abgeschworen, und die nächsten fühlten sich als Protestanten in ihrer noch jungen Religion unheimlich wohl. Doch es gab tatsächlich auch Herrscher, die ihren Untergebenen die Wahl ließen. Kaum vorstellbar, dass es zur damaligen Zeit schon so liberal zuging. Und die Freundschaft hörte auch nicht an der Eingangspforte der Kirche auf. Ein zweiter Kirchenbau kam oft nicht in Frage. Ergo nutzte man das Gotteshaus einfach gemeinsam, aber jeder separat zu festgelegten Zeiten.

Rund 70 solcher Kirchen existieren in Deutschland. Zwei davon stehen in den Haßbergen. Die Rabelsdorfer Kapelle wird nur noch selten zu besonderen Anlässen wie Taufen, Hochzeiten und Beerdigungen genutzt. Die normalen, turnusmäßigen Gottesdienste finden in den »eigenen« Kirchen in Altenstein und Pfarrweisach statt.

Die Untermerzbacher Kirche hingegen wird regelmäßig von beiden Konfessionen genutzt. Der Blick Richtung Altar unterstreicht das auch. Es gibt nämlich zwei davon. Der eher klassische, schnörkellose in der Mitte gehört den Protestanten, der prunkvollere den Katholiken. Nicht gerade überraschend. Offiziell gehört die Kirche übrigens der evangelischen Gemeinde. Die katholische hat aber ein Nutzungsrecht. Und das bereits seit 1691.

Adresse Kirchenweg, 96190 Untermerzbach | **Anfahrt** B 4 Richtung Bamberg, nach Untermerzbach abbiegen | **Tipp** Das barocke Schloss Gereuth, nur wenige Kilometer westlich, bietet einen umfangreichen Veranstaltungskalender mit Garten- und Flohmärkten, Buffets und Kulturveranstaltungen (www.schloss-gereuth.de).

107 Die Flößerei

Brotgeber einer ganzen Region

Die Flößerei im Frankenwald kann mit Schriftstücken seit 1386 belegt werden, ist aber wohl noch um einige Zeit älter. In den engen Tälern nördlich von Kronach wurden die Bäume gefällt und entweder zusammengebunden oder bei der Trift auch einzeln auf den Bächen und Flüssen nach unten ins Tal verbracht. In Bamberg existierte ein Floßhafen, der als Umschlagplatz diente. Das auf diesem Weg transportierte Holz besaß den Ruf, besonders schädlingsresistent zu sein. Das Flößergewerbe war einige Jahrhunderte von großer Bedeutung für die Ortschaften und deren Bewohner von der Tettau bis zur Rodach.

Keine Frage, dass das Andenken an längst vergangene Zeiten zu bewahren ist. Die Gemeinde Marktrodach erinnert mit einer Ausstellung im alten Floßherrenhaus an die Arbeit und die Identifikation der Menschen mit der in unseren Breitengraden ausgestorbenen Tätigkeit.

Im Museum sind die verschiedenen Räume thematisch gegliedert. Im Erdgeschoss werden der Frankenwald selbst, die Flößerei in der Region und das Aufgabengebiet des Floßknechtes und Flößers vorgestellt. Das Dorf Unterrodach dient außerdem als Paradebeispiel dafür, wie abhängig man vom Holzgewerbe war und welche Auswirkungen die Flößerei auf das Leben und die Familie hatte.

Im Obergeschoss zeigt sich, dass die Flößerei auf dem Main eine ganz andere war. Die Flöße größer, die Wasserwege breiter, die Fahrten länger und die Vorschriften strenger. In den weiteren Räumen werden die Kennzeichnung des Holzes und der Handel mit dem Naturprodukt näher erklärt. Und zu guter Letzt wird das Gewerbe deutschlandweit verglichen. Unterschiedliche Floßhaken, Lenkvorrichtungen und Floßbauarten verdeutlichen, dass jede Gegend vor Jahrhunderten eine eigene Methode zum Transport des geschlagenen Holzes besaß. Gemeinsam hatten sie aber alle bereits damals das Ziel, die natürlichen Ressourcen der Wälder bestmöglich zu nutzen.

Adresse Kirchplatz 8, 96364 Marktrodach, www.floessermuseum-unterrodach.byseum.de, Tel. 09261/60310 | Anfahrt B 303 Richtung Hof bis Marktrodach, vor Ort der Beschilderung folgen | Öffnungszeiten April–Okt. Sa, So und Feiertage 14–16 Uhr, sonst nach Vereinbarung | Tipp Wem das Museum zu theoretisch ist: Auf der wilden Rodach bei Wallenfels können Floßfahrten gebucht werden. Trocken bleiben hier die wenigsten.

108_Die Sonne

Dem Zentralgestirn ganz nah

Es ist jedes Jahr das Gleiche. Die Entscheidung, dieses Mal auf »Balkonien« Urlaub zu machen, ist gefallen. Und dann: schlechtes Wetter! Dabei wünscht man sich nichts sehnlicher als Sonne.

Die Bewohner des Galgenhügels in Untersiemau kennen dieses Problem nicht. Denn dort ist etwas garantiert, das es in vielen beliebten Urlaubsregionen nicht gibt: das ganze Jahr Sonne. Von früh bis spät. Wirklich jeden Tag!

Braun gebrannte Körper, Sonnenschirme in den Gärten und tagelange Grillpartys? Überraschend ist es schon, dass nichts davon zutrifft. Fast schon erschreckend: Hier soll es tatsächlich auch Menschen geben, die an Vitamin-D-Mangel leiden! Die Überraschung dann vor Ort: Der Anblick der Sonne selbst blendet gar nicht, auch die UV-Strahlung ist nicht erhöht. Von den 6.000 Grad Celsius, die in direkter Nähe herrschen sollen, ist nichts zu spüren. Aber warum haben die Untersiemauer überhaupt eine Art Abo auf das kosmische Tagesgestirn?

Tja, von Sonnenschein war hier auch gar nicht die Rede. Nur von der Sonne. Die steht nämlich hier. Des Rätsels Lösung ist recht einfach: In Untersiemau endet der erste »astronomische Lehrpfad« Deutschlands. Und fand nach seiner Fertigstellung 1988 zahlreiche Nachahmer. Das Wichtigste an einem solchen Wanderweg: Die Verhältnisse müssen stimmen, bei den Entfernungen und bei den Planetendurchmessern. Dabei stehen 1,18 Meter für eine Million Kilometer im Orbit. Nicht weniger relevant: Die einzelnen Stationen sollten umfangreich beschrieben sein. Die hiesigen Erschaffer haben als Vorreiter die Messlatte schon ziemlich hoch gelegt. Sogar die Mondumlaufbahn wurde berücksichtigt. Wer so dann an Pluto, Neptun, Saturn und Mars vorbei aus dem Obermaintal durch den Banzer Wald ins Coburger Land wandert, hat einiges gelernt und gesehen. Wer eher bergab als -auf laufen will, dreht den Spieß einfach um und startet an der Sonne.

Adresse Am Galgenhügel, 96253 Untersiemau | ÖPNV OVF-Bus 8319 Richtung Bamberg | Anfahrt B 4 bis Untersiemau, im Ort der Beschilderung »Planetenweg« folgen | Tipp »Zur Sonne« und »Goldene Sonne« heißen zwei Gaststätten in Roth am Forst und Creidlitz – thematisch perfekt passende Einkehrmöglichkeiten, bevor man sich auf den Rückweg begibt (empfehlenswert: mit dem Zug ab Haltestelle Creidlitz oder Grub am Forst nach Bad Staffelstein).

109_Der Jungferbrunnen

Entblößter Wasserspender

Künstler sind ja dafür bekannt, gern zu polarisieren. Oder sogar zu provozieren. Ob dies 1715 bereits auf einen gewissen Johann Dümlein, seines Zeichens Bildhauer, zutraf? Die Zeiten waren noch andere. Eher verklemmt, schamhaft und zugeknöpft. Wer Weißenbrunn südlich von Kronach besucht, der weiß, was Dümlein kreiert hat. Nicht nur in der Kirche schuf er die Figuren. Des Kronacher Künstlers Vorliebe für Meerjungfrauen zeigt sich am Sandsteinbrunnen. Diesen mit einer solchen Nixe zu gestalten war bereits etwas Seltenes. Als wagemutig ist zu bezeichnen, dass er die sekundären Geschlechtsmerkmale der Frau so offen zur Schau stellte. Vor über 300 Jahren.

Die Austrittsstelle des Wassers, das tagein, tagaus aus dem Wasserbassin nach oben befördert wird, überrascht sicherlich jeden, der noch nie hier war. Wer erstmals durch Weißenbrunn fährt und sich umschaut, mag seinen Augen wohl kaum trauen. Das Wasser kommt tatsächlich zu den Brustwarzen heraus.

Der Jungferbrunnen hat bereits zwei einschneidende Veränderungen hinter sich. 1874 wurde ein Rohr zwischen den beiden Busen installiert, damit die Wasserträger ihre Butten schneller füllen konnten. 1936 setzte man ihn außerdem um einige Meter nach hinten, um den Ausbau der Hauptstraße nicht zu behindern. Dafür bekam die Figur ihre beiden gewohnten Wasserläufe an auffälliger Stelle zurück.

Zum Kirchweih-Festumzug wird die Jungfer-Kättl jedes Jahr noch endgültig veredelt und das Wasser durch Bier ersetzt. Ein lang gehegter Traum für wohl sehr viele Männer, einfach ins Becken zu steigen und den Gerstensaft sofort an der Stelle, an der er ans Tageslicht kommt, abzufangen. Doch die Hoffnung ist umsonst. Das angeschlossene Bierfass wird professionell direkt an der »Zapfanlage« abgefüllt und verteilt. Die Jungfer ist dann quasi in aller Munde. Und hat es sogar ins offizielle Wappen der Gemeinde geschafft. Respekt!

Adresse Am Brunnen, 96369 Weißenbrunn bei Kronach | **Anfahrt** B 303 bis Kronach, B 85 Richtung Kulmbach, direkt an der Hauptstraße in Weißenbrunn | **Tipp** Im Brauer- und Büttnermuseum gleich nebenan kann die kleinste funktionstüchtige Brauerei der Welt besichtigt werden. Hopfen und Malz, Gott erhalt's!

110_Der Konfluenzpunkt

Hier gibt es nichts Besonderes zu sehen

64.000 weltweit sind eine ganze Menge. Rund 21.500 an Land noch immer eine Hausnummer. Aber nur 48 in Deutschland dann doch recht übersichtlich, vier davon sogar in der Nord- oder Ostsee gelegen, also fußläufig nicht erreichbar. Gemeint sind die Konfluenzpunkte.

Der exakte Schnittpunkt von ganzzahligem Längen- und Breitengrad (hier 50° Nord und 11° Ost) wird so bezeichnet. Nur zwei dieser Punkte in Deutschland liegen übrigens auf bebautem Grund, die anderen wie auch dieser hier zeigen auf eine Wiese, einen Baum, ein Dickicht am Feldrand oder mitten in einen Teich.

Der nächste in unserer Region liegt zwischen Zapfendorf und Scheßlitz. In einem kleinen Wald. Es weist auch nichts auf diese Besonderheit hin. Recht unspektakulär, möge man meinen. Warum sich ein Besuch hier trotzdem lohnt? Mit der Aussage »Wir waren übrigens vor Kurzem an einem Konfluenzpunkt« erhält man von Kollegen oder Freunden bestimmt bewundernde und ehrfürchtige Blicke. Und es ist spannend, abzuwarten, ob sich irgendeiner traut und nachfragt, was das denn überhaupt genau ist. Denn wer gibt schon gern eine solch »große« Wissenslücke zu.

Ähnlich wie beim Geocaching, der Suche nach Behältern an klar definierten Stellen, gibt es ein Hobby, das das Auffinden und Dokumentieren von Konfluenzpunkten zum Ziel hat. Das Fotografieren des ominösen Ortes und eines GPS-Geräts, auf dem die besagten Koordinaten angezeigt werden, ist hier Usus. Es gibt sogar noch Standorte, die »jungfräulich« sind. Aber eher in der russischen Tundra als im doch recht flächendeckend bewohnten Europa. Der Anreiz, diese als erster der auf www.confluence.org angemeldeten User besucht und sich mittels besagter Fotos legitimiert zu haben, ist groß, Ruhm und Ehre in Reihen der Nutzer dieses Portals gewiss. Interessant ist außerdem auch, die Veränderung der Punkte mittels der online eingestellten Fotos zu verfolgen.

Adresse 96110 Scheßlitz-Windischletten | **Anfahrt** A 73 Ausfahrt 17 Zapfendorf, bis nach Windischletten, dort dann die zweite Straße links und auf der Anhöhe die zweite Straße rechts Richtung Waldstück. Für eine exakte Positionsbestimmung vor Ort die Koordinaten N 50°00.000 und E 11°00.000 ins Handy eingeben und navigieren. Empfehlung: von Windischletten aus zu Fuß anlaufen. | **Tipp** Wer nach einem Spaziergang Lust auf etwas Süßes hat: In der Confiserie Storath in Stübig gibt es eine große Auswahl an leckeren Pralinen.

111_Das Mausoleum

Einsames Gebäude mitten im Wald

»Du findest das Mausoleum nicht, wenn du es suchst. Es muss dich finden!« Dieser leicht abgewandelte Spruch über das Glück trifft hier den Nagel aber auch wirklich auf den Kopf. Versteckt im »Schafholz« bei Ziegelsdorf führen viele Wege in die Irre. Nur im Winter kann die Kuppel über den kahlen Baumwipfeln Orientierungshilfe leisten. Völlig unvermittelt steht man meist vor der Begräbnisstätte und reibt sich verwundert die Augen, denn so etwas erwartet niemand in dieser Abgeschiedenheit.

Es wirkt, als ob sich die Natur um den Prachtbau herum langsam anpirscht und auf den geeigneten Moment wartet, ihn einzunehmen. Die Treppen und der Eingangsbereich mit den beiden rötlich schimmernden Granitsäulen wurden bereits zurückerobert. Das restliche Gebäude ziert sich da noch ein bisschen. Der Naturstein wirkt zwar ausgewaschen, er bietet dem Grünspan aber nach wie vor seine stolze Stirn. Wie lange noch, ist bloß die Frage!

Durch die knarzende Mitteltür hindurch zeigt sich der wahre Schatz: die Grabstätte des letzten derer von Seebach zu Ziegelsdorf. Dahinter steht eine imposante Christusfigur. Umgeben von gelben und blauen Pastelltönen, platziert in einer mit einer Halbkuppel versehenen, optisch perfekt inszenierten Verlängerung des Hauptraumes. Ein beeindruckender Blickfang im sonst spärlich eingerichteten Inneren. Der Tod holte sich die adelige Seele bereits zwei Jahre vor der Fertigstellung. Die Vollendung und Pflege des Mausoleums samt Umgebung fiel daher 1895 einer Stiftung in Gotha zu. Nachdem deren Kapital aufgebraucht war, geriet der denkmalgeschützte Bau in Vergessenheit. Die deutsche Teilung tat ihr Übriges, waren doch nun bis auf die kundigen Anwohner alle entfernten Verwandten jenseits des Stacheldrahts.

Der Freistaat Bayern sprang in die Bresche, als die Vandalismusschäden überhandnahmen. Das Grab wurde gesichert und das Notwendigste saniert.

Adresse 96253 Untersiemau-Ziegelsdorf | **Anfahrt** B 4 Ausfahrt Untersiemau, Richtung Scherneck und dort auf der Hauptstraße weiter nach Ziegelsdorf | **Tipp** Die Edelobstbrennerei Schulz in Neuses an den Eichen bietet eine große Auswahl an Likören.

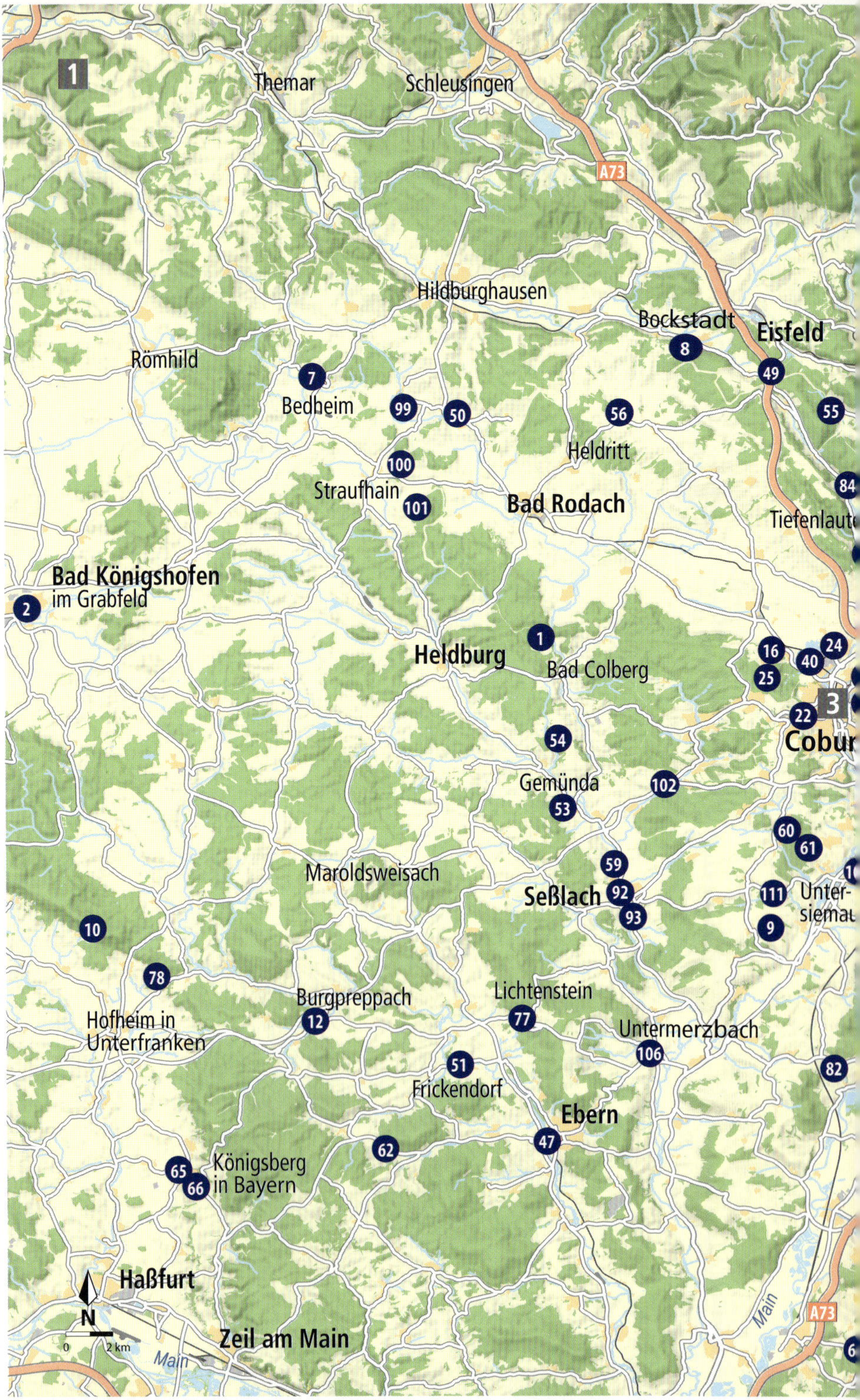
1
Themar
Schleusingen
A73
Hildburghausen
Bockstadt
8
Eisfeld
49
Römhild
7
Bedheim
99
50
56
55
Heldritt
100
Straufhain
101
Bad Rodach
84
Tiefenlaut
Bad Königshofen
im Grabfeld
2
Heldburg
1
Bad Colberg
16
24
40
25
3
22
Cobur
54
Gemünda
102
53
60
61
59
Maroldsweisach
Seßlach
92
111
Unter-
siemau
93
9
10
78
Burgpreppach
Lichtenstein
12
77
Hofheim in
Unterfranken
Untermerzbach
106
82
51
Frickendorf
Ebern
62
47
65
Königsberg
66
in Bayern
Haßfurt
N
0
2 km
Zeil am Main
Main
Main
A73

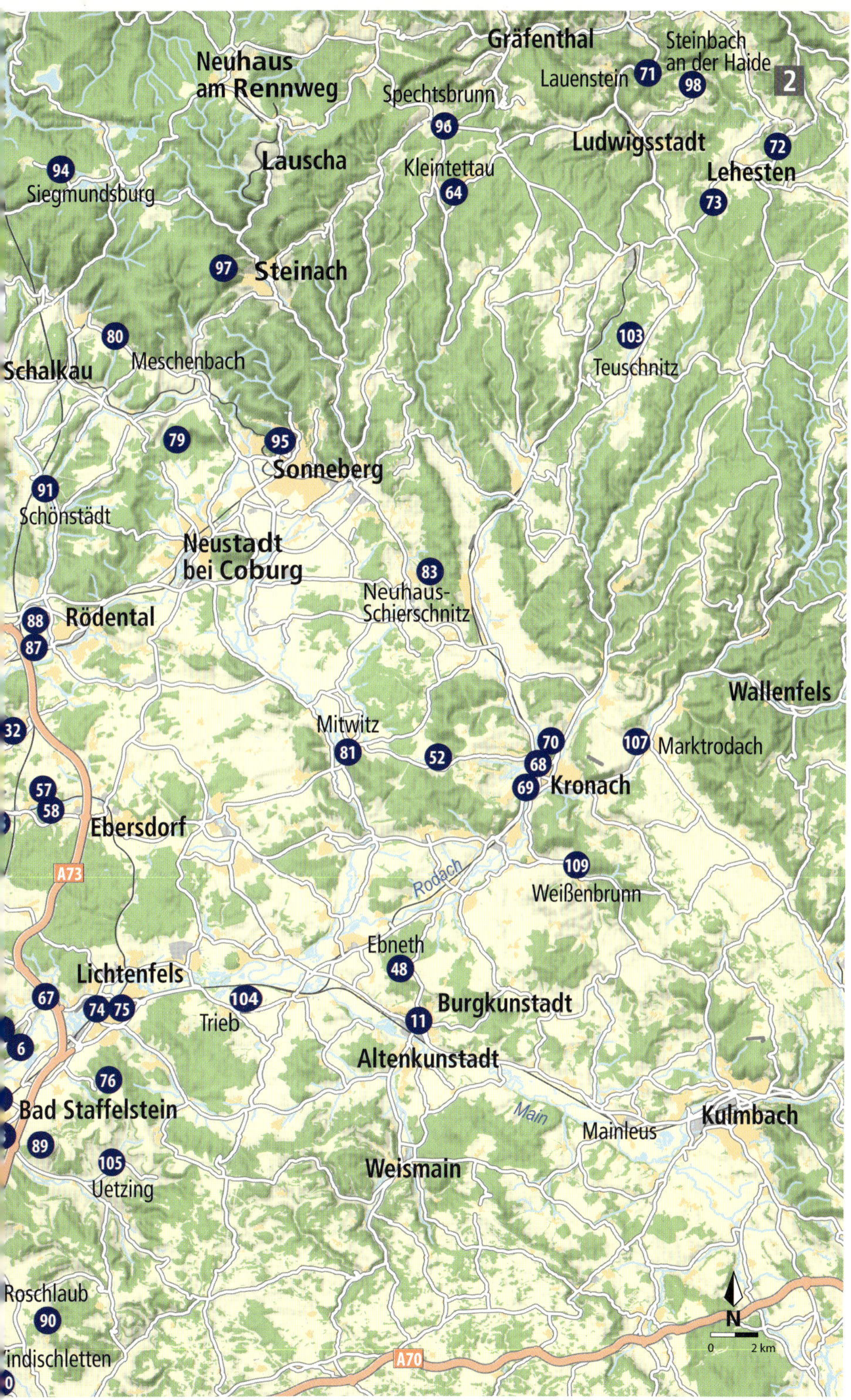

Gräfenthal
Steinbach an der Haide
Lauenstein
71
98
2
Neuhaus am Rennweg
Spechtsbrunn
96
Ludwigsstadt
72
Lehesten
73
Lauscha
Kleintettau
64
94
Siegmundsburg
97
Steinach
80
Meschenbach
103
Teuschnitz
Schalkau
79
95
Sonneberg
91
Schönstädt
Neustadt bei Coburg
83
Neuhaus-Schierschnitz
88
Rödental
87
Wallenfels
32
Mitwitz
81
52
70
68
69
Kronach
107
Marktrodach
57
58
Ebersdorf
A73
Rodach
109
Weißenbrunn
Ebneth
48
Lichtenfels
67
74
75
104
Trieb
11
Burgkunstadt
6
Altenkunstadt
76
Bad Staffelstein
Main
Mainleus
Kulmbach
89
105
Uetzing
Weismain
Roschlaub
90
indischletten
N
0
2 km
A70

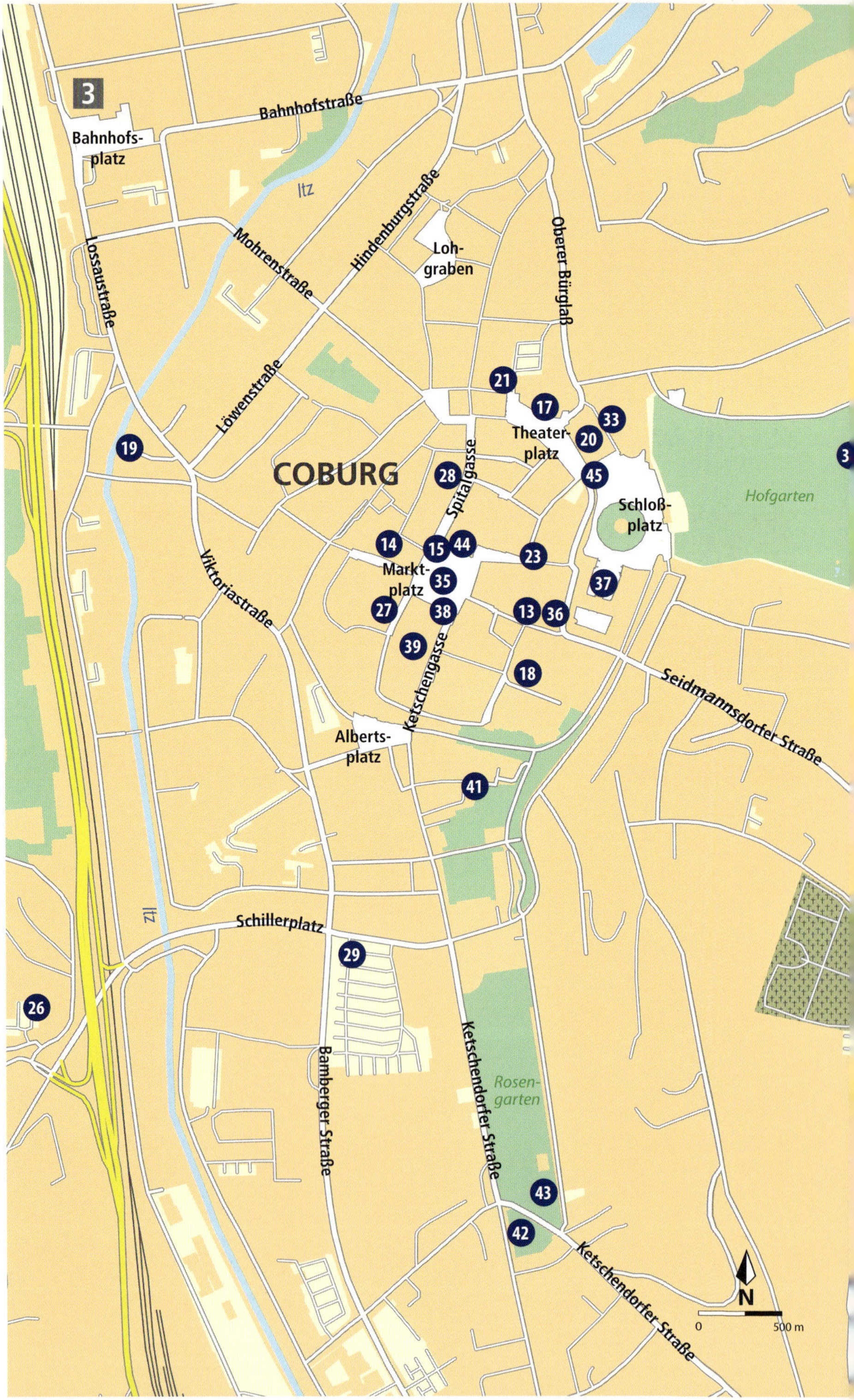

3
Bahnhofstraße
Bahnhofs-platz
Itz
Hindenburgstraße
Loh-graben
Oberer Bürglaß
Mohrenstraße
Lossaustraße
Löwenstraße
COBURG
Theater-platz
Spitalgasse
Schloß-platz
Hofgarten
Markt-platz
Viktoriastraße
Seidmannsdorfer Straße
Ketschengasse
Alberts-platz
Schillerplatz
Bamberger Straße
Ketschendorfer Straße
Rosen-garten
N
0
500 m
21
17
33
20
45
19
28
14
15
44
23
35
37
27
38
13
36
39
18
41
29
26
43
42

Ralf Nestmeyer
111 Orte an der Côte d'Azur, die man gesehen haben muss
ISBN 978-3-95451-563-9

Thomas Fuchs
111 deutsche Biere, die man getrunken haben muss
ISBN 978-3-95451-414-4

Rüdiger Liedtke,
Laszlo Trankovits
111 Orte in Kapstadt, die man gesehen haben muss
ISBN 978-3-95451-456-4

Gerd Wolfgang Sievers
111 Orte in Venedig, die man gesehen haben muss
ISBN 978-3-95451-352-9

Eckhard Heck
111 Orte in Maastricht, die man gesehen haben muss
ISBN 978-3-95451-368-0

Petra Sophia Zimmermann
111 Orte am Gardasee und in Verona, die man gesehen haben muss
ISBN 978-3-95451-344-4

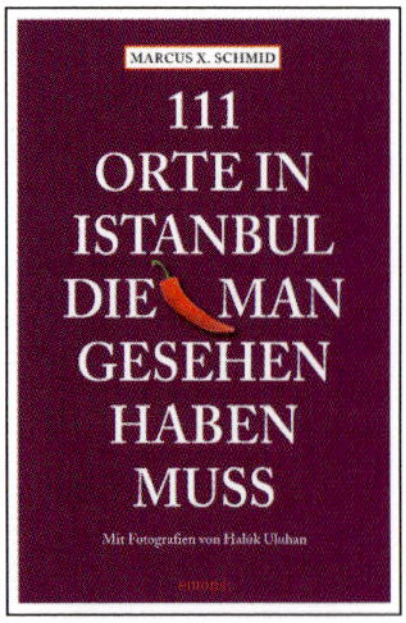

Marcus X. Schmid,
Halûk Uluhan
111 Orte in Istanbul, die man gesehen haben muss
ISBN 978-3-95451-333-8

Christiane Bröcker,
Babette Schröder
111 Orte in Stockholm, die man gesehen haben muss
ISBN 978-3-95451-203-4

Oliver Schröter
111 Orte für echte Männer, die man gesehen haben muss
ISBN 978-3-95451-228-7

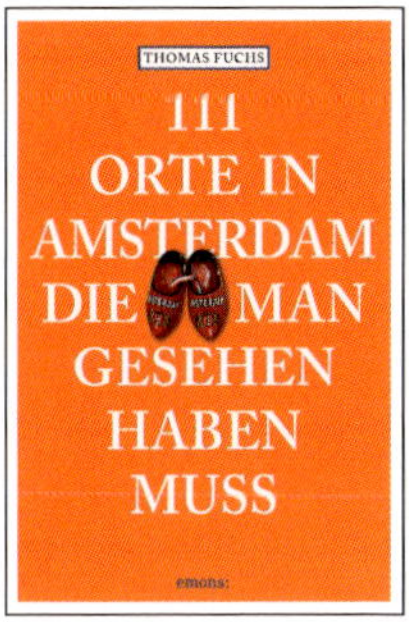

Thomas Fuchs
111 Orte in Amsterdam, die man gesehen haben muss
ISBN 978-3-95451-209-6

Annett Klingner
111 Orte in Rom, die man gesehen haben muss
ISBN 978-3-95451-219-5

John Sykes, Birgit Weber
111 Orte in London, die man gesehen haben muss
ISBN 978-3-95451-117-4

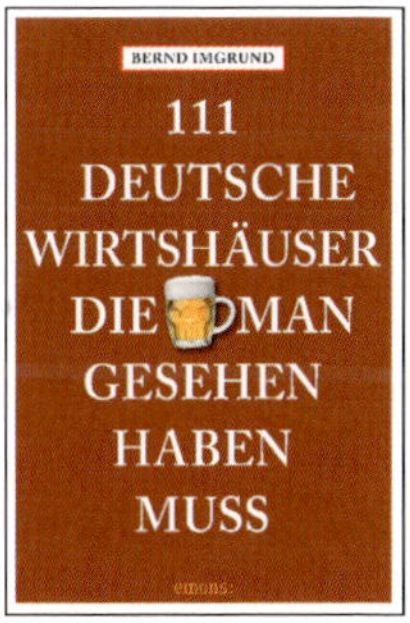

Bernd Imgrund
111 deutsche Wirtshäuser, die man gesehen haben muss
ISBN 978-3-95451-080-1

Susanne Thiel
111 Orte in Madrid, die man gesehen haben muss
ISBN 978-3-95451-118-1

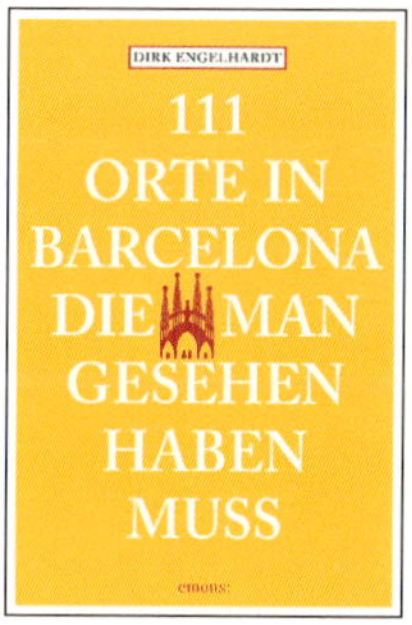

Dirk Engelhardt
111 Orte in Barcelona, die man gesehen haben muss
ISBN 978-3-95451-066-5

Stefan Spath
111 Orte in Salzburg, die man gesehen haben muss
ISBN 978-3-95451-114-3

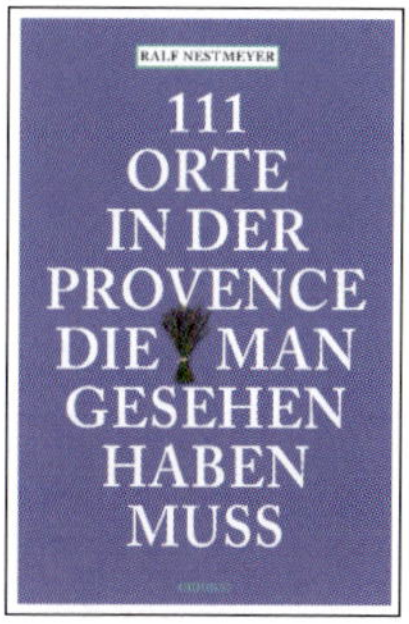

Ralf Nestmeyer
111 Orte in der Provence, die man gesehen haben muss
ISBN 978-3-95451-094-8

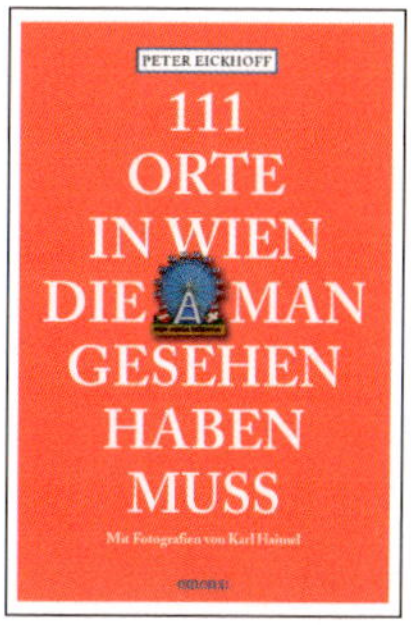

Peter Eickhoff, Karl Haimel
111 Orte in Wien, die man gesehen haben muss
ISBN 978-3-89705-969-6

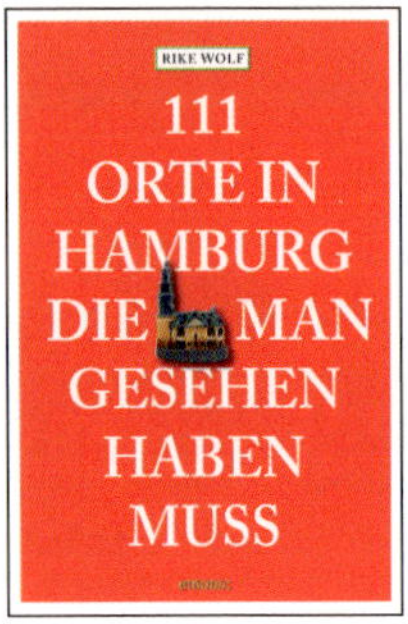

Rike Wolf
111 Orte in Hamburg, die man gesehen haben muss
ISBN 978-3-89705-916-0

Rüdiger Liedtke
111 Orte auf Mallorca, die man gesehen haben muss
ISBN 978-3-89705-975-7

Lucia Jay von Seldeneck, Verena Eidel, Carolin Huder
111 Orte in Berlin, die man gesehen haben muss
ISBN 978-3-89705-853-8

Rüdiger Liedtke
111 Orte in München, die man gesehen haben muss
ISBN 978-3-89705-892-7

Lucia Jay von Seldeneck, Verena Eidel, Carolin Huder
111 Orte in Berlin, die man gesehen haben muss
Band 2
ISBN 978-3-95451-207-2

Bernd Imgrund, Britta Schmitz
111 Kölner Orte, die man gesehen haben muss
Band 1
ISBN 978-3-89705-618-3

Bernd Imgrund, Britta Schmitz
111 Kölner Orte, die man gesehen haben muss
Band 2
ISBN 978-3-89705-695-4

Marx de Morais
111 Orte in Turin und im Piemont, die man gesehen haben muss
ISBN 978-3-95451-736-7

Mercedes Korzeniowski-Kneule
111 Orte in Basel, die man gesehen haben muss
ISBN 978-3-95451-702-2

Barbara Krull
111 Orte im Elsass, die man gesehen haben muss
ISBN 978-3-95451-596-7

Beate C. Kirchner
111 Orte in Florenz und im Norden der Toskana, die man gesehen haben muss
ISBN 978-3-95451-513-4

Sina Beerwald
111 Orte auf Sylt, die man gesehen haben muss
ISBN 978-3-95451-511-0

Gerald Polzer, Stefan Spath
111 Orte in Graz, die man gesehen haben muss
ISBN 978-3-95451-466-3

Gerd Wolfgang Sievers
111 Orte der Wiener Küche, die man erlebt haben muss
ISBN 978-3-95451-337-6

Rüdiger Liedtke
111 Orte in München, die man gesehen haben muss
Band 2
ISBN 978-3-95451-043-6

Rüdiger Liedtke
55 ½ Orte rund ums Oktoberfest, die man gesehen haben muss
ISBN 978-3-95451-370-3

Fabian Pasalk
111 Orte im Ruhrgebiet, die man gesehen haben muss
ISBN 978-3-89705-814-9

Fabian Pasalk
111 Orte im Ruhrgebiet, die man gesehen haben muss, Band 2
ISBN 978-3-95451-223-2

Der Autor

Oliver Ultsch, geboren 1979 in Coburg, ist Versicherungskaufmann und Hobby-Ahnenforscher, Geocacher und Familienvater.

Die Fotografin

Pia Ultsch wurde 1981 in Coburg geboren und ist gelernte Technische Zeichnerin. Nach dem Studium des Maschinenbaus arbeitet sie nun als Konstrukteurin. Sie ist die Ehefrau des Autors und leidenschaftliche Fotografin.